초기 기독교 이야기

차례
Contents

03머리말 05예수 그리스도에 대한 역사적 평가 12기독교의 로마제국 전래 22기독교의 승리 32초대 교회와 삼위일체 교리의 확립 41교황권의 신장과 그레고리우스 1세와 7세 59인노켄티우스 3세와 교권의 승리 69수도원과 그 영향 76기독교 세계의 분열과 동·서 교회의 대립 88가톨릭교회와 동방정교회의 대립

머리말

유대교와 기독교는 그리스·로마 문화와 더불어 서양 문화의 두 지주로 일컬어왔지만 기독교야말로 인류 역사에 가장 넓고 가장 깊게 영향을 끼쳐온 종교 가운데 하나이다. 기독교의 교의는 유럽인의 기본 이념은 물론 윤리·철학적 가치의 골격을 형성했으며, 기독교의 예배의식과 미술은 유럽인의 문학·예술적 성취의 모체가 되었다. 그러므로 세계적 종교로 성장한 이후의 기독교 역사는 곧 유럽의 역사고, 유럽인의 보편적 신앙이 된 이후의 기독교 교리는 바로 유럽적 세계관이 되어왔다. 중국적 동양 문화가 인간 사이의 관계, 곧 체면을 의식하는 문화인데 반해 서양 문화는 죄의식, 곧 신 앞에서 양심을 의식하는 문화로 평가되기도 하지만 기독교는 서양인들로 하여금 신과 맺은 관계에서 인간 문제를 사유하게 했다.

지중해 세계를 선점한 뒤 유럽의 종교로 성장한 기독교는 이슬람교가 창시된 이후에는 이슬람교와 더불어 지중해 세계의 패권을 다투어왔다. 기독교는 7세기 후엽부터 9세기까지는 아랍-이슬람에게, 그리고 어림잡아 15세기 중엽부터 18세기 말까지는 투르크-이슬람에게 지중해 세계를 넘겨주어야 했다. 그러나 기독교는 유럽 세력이 본격적으로 확대하기 시작한 15세기부터 아메리카는 물론 아시아 등지에서도 중요한 종교로 성장하는 데 성공함으로써 문자 그대로 세계적 종교로 발전했다. 기독교의 역사를 도외시하고 인류의 역사를, 특히 서양 역사를 이해하려고 하는 것은 나무에 올라가서 고기를 구하려는 행위와 다를 바 없을 것이다. 기독교가 지중해 세계에서 성장한 과정을 살펴보기로 하자.

예수 그리스도에 대한 역사적 평가

오늘날 세계적 교세를 자랑하는 기독교는 크게 나누어 가톨릭교회, 동방정교회(가톨릭정통교회), 프로테스탄트교회(루터·장로·조합·성결·감리·침례교회)로 구성되어 있지만, 주지하듯이 기독교의 뿌리는 유대교였다. 예수는 이런저런 제한을 제거해 민족종교인 유대교를 세계적 종교인 기독교로 승화시켰다. 예수에 의해 여호와(야훼)는 단순한 심판의 신만이 아니라 인종, 국가, 신분, 성별 등 모든 것을 초월하여 누구나 믿는 자에게 구원을 베푸는 절대적 사랑의 신이 되었다. 예수 그리스도는 유대교를 신의 '절대적 사랑'을 기본 원리로 하는 새로운 종교로 승화시킨 것이다. 하지만 예수의 역사적 평가는 한결같지 않았다.

구세주인가, 혁명가인가

예수는 역사적으로 기독교의 개조로 평가받는 것 말고도 어떤 평가를 받아왔을까? 예수는 자기 시대의 유대인들에게 구세주보다는 오히려 사회 혁명을 시도하는 혁명가 내지 폭동 선동가로 비치기도 했다. 사실 인습에 빠진 유대인들이 그를 위험한 반항아로 본 것은 비밀이 아니다. 그러므로 혹자는 그를 사회개혁가나 민주사회주의자로 인식했는가 하면 혁명가로 보려고 했다.

S. J. 케이스는 예수의 종교 운동이 사회적으로 제약을 받았기 때문에 사회개혁가 내지 혁명가로 보게 한 것으로 평가한다. 그에 따르면 예수가 종교적 가치의 보존과 배양을 위해 고안한 정교한 장치는 그가 부딪친 저항의 산물이었다. 즉 사회적 저항에 맞서면서 자신의 교리를 설파했으므로 예수는 곧 사회혁명가로 비치게 되었다는 것이다. A. 하르나크는 예수를 한 유대인 개혁가로, 즉 유대인이 자신들의 종교와 관련해 견강부회하는 것에 반대한 개혁가로 평가했다. 또한 그는 예수는 유대인에게만 자신의 복음을 전하려 했으며, 예수가 한 일은 유대교의 성전을 무너뜨리고 유대인들의 판단을 바꾸려 한 것이라고 주장한다.[1]

하지만 예수가 설파한 '진리와 생명의 복음'을 염두에 둘 때 그를 단순한 개혁가나 혁명가로 평가하는 것은 옳지 않을 것이다. 그는 공관복음서[2] 등에서 온유와 사랑의 덕을 가르치고 도덕과 윤리, 정의와 공정, 정직과 겸양을 가르친다. "내가 율법이나 선지자를 폐하러 온 줄로 생각하지 말라. 폐하러 온 것이 아니라 완전케 하려 함이로다(「마태복음」 5:17)." "좁은 문으로 들어가라. 멸망으로 인도하는 문은 크고 그 길이 넓어 그리로 들어가는 자가 많고, 생명으로 인도하는 문은 좁고 길이 협착하여 찾는 이가 적음이니라(「마태복음」 8:13~14)." 인간을 구원하기 위해 세상에 온 예수는 인간성의 완성을 지향하는 미덕과 윤리와 진리를 가르쳤고, 그것은 혁명가나 개혁가의 차원을 벗어나는 것이었다.

예수는 인도주의적 낙천가 혹은 평화주의자로 평가받기도 했다. 물론 그런 평가 역시 옳지 않을 것이다. 예수는 '신의 사랑'을 가르쳤지만 결코 인간성을 낙관하지 않았으며, 사람들이 자신의 교훈을 그대로 따를 것으로 기대하지 않았다. 그는 인간과 인간 세상을 있는 그대로 보고 그 전제 위에서 인간성을 완성하는 길을 제시하려 했다. 또한 예수는 온유와 화평의 덕을 설교하고 사랑의 윤리를 가르쳤지만, 그를 단순한 평화주의자로 보는 것도 옳지 않을 것이다. 그는 명백히 세상을 평화로 이끌기 위해 노력했지만 평화가 그의 최종 목적은 아니었다. 그는 "내가 세상에 화평을 주러 온 줄로 생각하지 말라. 화평이 아닌 검을 주러 왔노라(「마태복음」 10:34)"라고 했고, "좋은 나무가 나쁜 열매를 맺을 수 없고 못된 나무가 아름다운 열매를 맺을 수 없느니라(「마태복음」 8:18)"라고 가르쳤다.

예수는 과연 역사적 존재인가? 오늘날 예수의 실존성은 이제 회의의 대상이 아니지만 과거에 일부 학자들은 예수의 실존성까지 의문시했다. 예수의 실존에 의문을 표한 자들에 따르면 예수는 '신화적' 존재일 뿐이다. 그들은 서기 30~40년경에 결집된 「누가복음」과 「마태복음」, 그리고 60년경에 결집된 「마가복음」은 허구이기 때문에 그것들은 예수의 실존을 입증하지 못한다고 주장했다.

아마도 그와 관련해 19세기의 B. 바우어가 가장 극단적인 입장을 취하는 자일 것이다. 그에 따르면 기독교는 역사적 존재인 예수가 아닌 그 신앙의 추종자들이 만들었다. 하지만 A. 슈바이처는 예수의 역사성을 거론하는 것 자체를 옳지 않은 것으로 여긴다. 그는 19세기의 일부 인사들과는 달리 '합리주의에 의해 디자인되고 자유주의에 의해 생명이 부여되고 근대 신학에 의해 역사적 인물로 그려지는 예수'를 받아들이지 않는다.

물론 예수의 생애와 가르침을 기술하고 있을 뿐만 아니라 예수 시대에 산 사람들이 지녔던 예수에 대한 인식을 전해 주는 『신약성서』에 의지할 경우, 예수의 실존은 의심할 여지가 없는 역사적 사실이 된다. 그리고 성서고고학, 성서석의학 聖書釋義學, 성서신학의 연구로 예수의 실존은 이제 명백한 역사적 사실이 되었다. 그리고 그와 같은 다각적 연구로 예수는 서기 1년이 아니라 기원전 8~4년 사이에 탄생한 것으로 밝혀졌다. J. 레브레턴과 J. 자일러는 "헤로드 왕 시대에 태어나 요한에게 세례 받고, 빌라도 총독에게 처형되고, 아나스와 카이파스

에게 저주받은 예수는 우리가 잘 아는 시기에 살고 설교했다"고 말한다.[3]

프랑스의 E. 르낭은 1863년에 쓴 『예수의 생애』에서 예수를 한 '인간'으로만 수용했고, 그로 인해 대학(Collège de France)의 헤브라이-칼데아-시리아학 교수직에서 해임되었다. 그에 따르면 인간 예수는 세계의 보편적 상황에 대한 지식이 없었다. 예수는 자신의 행위를 유대인과 맺는 관계로 제한했으며 유대이즘과 관련해서도 영속적인 영향을 끼치지 못했다. 그는 예수를 인간에게 철학을 준 소크라테스와 과학을 준 아리스토텔레스에 비유했다. 즉, 소크라테스가 인간에게 철학을 주고 아리스토텔레스가 과학을 주었듯이 예수는 인간에게 종교를 주었다는 것이다.

그처럼 예수를 인간으로만 수용할 경우 예수가 지닌 초월성은 당연히 사라지고 만다. 위에서 지적했듯이 하르나크도 예수를 한 유대인 개혁가로 묘사했지만, 레브레턴과 자일러도 자신의 사명을 분명히 의식한 인간 예수를 그린다.[4]

로마의 팔레스타인 지배와 예수

예수가 탄생할 무렵의 팔레스타인은 로마제국의 위성 왕국이었다. 대왕으로 불린 헤로드의 통치기인 기원전 37~기원전 4년에 왕실의 양식은 그리스·로마식으로 변하고, 상류층 유대인 역시 그리스·로마 문화와 사상에 크게 영향을 받았다. 남부 유대 출신의 잔혹한 토호 헤로드는 안토니우스나 아우구스투스 같은 로마의 유력자들에게 아첨해 자리를 잘 보전했으며, 영역을 넓히고 각지에 신전, 투기장, 극장 등을 지어 로마 문화를 보급했다. 널리 알려져 있듯이 그는 만년에 아기 예수를 죽이기 위해 두 살 이하의 어린 사내아이는 모두 죽이게 했다(「마태복음」 2:16).

유대는 헤로드가 죽은 10년 뒤인 서기 6년에 로마제국의 첫 황제 아우구스투스에 의해 로마의 속주가 되었다. 그리고 로마는 서기 26년부터 빌라도(폰티우스 필라투스)를 총독으로 삼아 직접 통치하기 시작했다. 주지하듯이 빌라도는 제사장을 비롯한 유대인의 선동에 굴복해 민중의 뜻을 따른다는 구실로 예수를 십자가형에 처했다. 공교롭게도 서기 26년부터 11년간 유대를 다스린 빌라도만큼 역사적으로 불운한 사람은 없을 것이다. 헤로드에 못지않게 잔인했던 빌라도는 무죄임을 알면서도 유대인들의 요구대로 예수를 십자가에 못 박아 처형했다. 그래서 그는 역사적으로 기독교도를 비롯해 뭇 사람들이 증오하는 표적이 되어왔고 앞으로도 그럴 것이다.

로마가 직접 통치하기 시작한 뒤부터 로마의 팔레스타인 통치는 매우 가혹했는데, 그것은 유대인들의 신앙과 연결된 선민選民 의식 내지 민족주의와도 관련이 있었다. 선민임을 자부한 유대인들은 자신들을 해방시켜 줄 구세주의 출현을 기대하면서 하나로 굳게 뭉쳤기 때문에 다른 속주민에 비해 로마의 지배에 훨씬 더 강하게 저항할 수 있었다. 그래서 로마의

식민통치 또한 더 가혹했던 것이다. 세계의 지배자로 자처한 로마인들로서는 때로는 집어삼킬 듯한 기세로 밀려오는 속주민의 종교에 자존심이 크게 상했을 것이고, 아마도 그런 정서 또한 유대인에 대한 가혹한 통치를 적잖이 자극했을 것이다.

기독교의 로마제국 전래

 유대교를 모체로 삼아 세계종교 기독교를 개창한 것은 예수였지만, 기독교가 실제 세계종교로 성장한 곳은 로마제국이다. 기독교는 예수가 죽자마자 로마제국에 전파되기 시작했으며, 적어도 예수 사후 10년 내지 20년 안에 로마에 기독교 교단이 존재한 것으로 사가들은 평가한다. 그리고 그후 200여 년 동안 기독교는 로마제국 전체에 서서히 퍼져갔으며, 결국 313년에 공인을 받고 392년에는 국교로 발돋움했다. 그래서 기독교는 지중해 세계를 지배한 로마제국의 종교가 되었고, 중세 초·중엽에 이르러 유럽의 대부분을 개종시킴으로써 세계종교로 성장하게 되었다.

베드로와 바울의 전도

잘 알려져 있듯이 사도들은 예수가 죽은 뒤 여러 곳으로 흩어져 기독교를 전파했다. 그중에서도 기독교 전도에 결정적 역할을 한 사람은 베드로와 바울이다.

특히 베드로는 동방에서 전도한 뒤 만년에 지중해 세계의 중심지인 로마로 옮겨갔다. 이후 로마인을 기독교도로 만드는 데 신명을 받친 베드로는 네로 황제 때에 순교했다. 박해받는 기독교도들이 신앙을 중심으로 취해야 할 생활태도를 가르친 「베드로전서」와 택함을 받은 자들의 합당한 생활, 거짓 선지자들이 받을 심판, 예수의 재림, 말세의 올바른 신앙 등을 가르친 「베드로후서」는 베드로가 초기 기독교에 끼친 영향을 웅변한다. 가톨릭교에 따르면 베드로는 예수에게서 천국의 열쇠를 받은 로마의 첫 주교였으며, 역대 교황은 베드로에게서 천국의 열쇠를 물려받았다.

바울 역시 로마에서 기독교를 전도하다 순교했다. 바울도 네로 치세에 순교했는데, 공교롭게도 베드로와 같은 날에 순교한 것으로 전해진다. '이방인의 사도'로 불리는 바울 또한 로마를 기독교 세계로 바꾸는 데 베드로 못지않게 공헌했다. J. 클라우즈너는 심지어 "예수 없이는 바울도 없었겠지만 바울 없이는 기독교 세계 또한 없었을 것이다. 그런 의미로 볼 때 예수가 아닌 비유대인(이방인)의 사도 바울이 이방인들 사이에 퍼져간 기독교의 개창자였다"[5]고 주장했다.

카파도키아(터키)의 기독교 유적. 오른편의 첨탑이 오늘날 이슬람교도의 땅임을 말해 준다.

예루살렘에서 기독교 소집단을 박해하는 것에 가담한 적이 있는 바울은 다마스쿠스로 가는 길에 마음을 돌린 뒤 로마인들에게 기독교를 전도하는 일에 전력했다. 철학자이기도 한 그는 로마인들과 더불어 현세와 미래, 현실과 이상의 관계라든가 육체의 한계나 영혼구제 같은 문제를 토론했다. 특히 그는 '그리스도의 십자가 죽음'을 인류의 죄를 대신 갚기 위한 것으로 정리함으로써 이른바 '십자가신학'을 확립했다. 그는 기독교의 진리를 신비성이 아니라 논리에 의지해 설파하면서, 율법이 아닌 의로운 신을 믿는 신앙으로 구원을 얻는다고 가르쳤다. 따라서 율법의 세부 규정은 물론 유대인의 할례나 돼지고기 식용 등의 문제에서 매우 유연한 태도를 취했다.

『구약성서』의 「레위기」에서 볼 수 있듯이 유대인들도 돼지고기를 먹지 않았다. 「레위기」는 약대, 사반, 토끼의 식용을 금한 데 이어 매, 황새, 박쥐같은 날짐승과 날개가 있으나 기어 다니는 곤충의 식용을 금한(11:11-23) 뒤 "무릇 굽이 갈라진 짐승 중에 쪽발이 아닌 것이나 새김질을 하지 않는 것의 주검은 다 네게 부정하니 만지는 자는 부정할 것이요(11:26)"라고 가르치는가 하면 같은 장 27절에서도 돼지와 같은 짐승은 부정하다고 가르친다.

기독교 박해와 그 원인

베드로와 바울이 순교한 사실이 상징적으로 말해주지만 '로마의 기독교화'는 문자 그대로 역경의 과정이었다. 기독교는 온갖 형태의 박해를 겪고 다수의 순교자를 낸 다음에야 로마를 기독교 세계로 만들 수 있었다. 박해를 본격적으로 시작한 것은 네로 때인 64년으로 알려져 있다.

가혹한 박해 비교적 잘 알려져 있지만 서기 64년의 대화재로 로마시의 대부분이 불탔는데 — 네로가 로마시 전체의 1/3에 달하는 땅에 황금 궁전을 짓기 위해 방화했다는 설도 있다 — 화재의 책임을 기독교에 돌린 네로는 많은 신도를 처형하는 등 기독교를 박해했다. 물론 그 뒤에도 기독교도들은 가혹한 박해의 대상이 되었고, 로마제국은 십자가 처형도 부족해 시체를 기름틀에 넣거나 개의 먹이로 주기도 했다. 시리아의 바위산에서 로마시 근교의 지하 무덤[6]에 이르기까지 수다한 기독교 유적들은 신도들이 겪은 참혹한 박해와 숭고한 순교를 증언해 주고 있다.

서기 1세기에 활약한 로마의 역사가 타키투스는 『연대기』에서 네로가 기독교를 박해하는 모습을 전해준다. "그 이름은

티베리우스 치세에 유대 총독 빌라도에게 처형된 그리스도에서 유래했다. 이로 인해 그가 개창자인 그 종파는 타격을 받았고, 그 해로운 미신은 일시 억제되었으나 그 뒤 다시 일어나더니 그 병폐의 본고장인 유대뿐만 아니라 세계의 온갖 끔찍하고 못된 것들이 모여들고 유행하는 수도에서도 퍼져갔다. 네로는 예의 술책을 썼다. 일단의 부랑자와 그 종파가 뚜렷한 신도들을 붙잡고, 다음엔 그들의 자백으로 수많은 기독교도들이 방화放火보다는 인류에 대한 증오 때문에 단죄되었다. 그리고 그들의 최후는 조롱거리가 되는 것이었다. 그들을 짐승처럼 보이게 해서 개가 물어뜯게 하거나 십자가에 못 박아 죽이고, 해가 지면 등불 대용으로 태웠다."7)

『명상록』을 남긴 철인 황제 마르쿠스 아우렐리우스 또한 기독교를 박해하는 데 주저하지 않았다. 그는 특히 160년과 170년에 다수의 기독교도를 박해했는데, 그도 기독교도들이 받은 살인 제식과 유아 살해 혐의를 박해로 믿은 것으로 전해진 것으로 전 박해와 관련해 네로 못지않게 유명한 황제는 데키우스(201~251)다. 그동안 산발적으로 이루어지던 박해는 그에 이르러 제국의 차원에서 조직적으로 이루어졌다. 그는 250년 1월경에 감독관들에게 '박해허가장(libellus)'을 발부하면서 이교도 박해 칙령을 내렸다. 파피루스에 쓴 250년 6~7월전 박해허가장 50여장이 이집트에서 발견되기도 했다. 그로 인해 로마, 예루살렘, 안티오키아의 주교를 포함한 다수의 기독교 지도자들이 수난을 당해서 한때 기독교의 조직 전체가 와해될

위기에 처하기도 했다. 임종에 이르러 기독교에 공적 관용 조처를 내린 갈레리우스(305~311) 역시 기독교를 심하게 박해한 황제 가운데 하나였다.

여기서 유의해야 할 점은 로마제국이 한사코 기독교의 박멸을 시도하지는 않았다는 것이다. 물론 지속적으로 박해를 했지만 대개 산발적이었고, 시간과 지역에 따라 그 양상도 달랐다. 소小아시아 지역의 속주 지사였던 소小플리니우스가 당시의 기독교도들이 받던 범죄 혐의와 관련해 황제 트라이아누스(98~117)에게 보낸 보고서와 황제의 답장이 시사하는 점은 작지 않다.

소플리니우스는 기독교도들이 일정한 날 새벽에 회동해 그리스도송가를 부르고 사기, 도적질, 간음, 거짓말 등을 하지 않기로 엄숙히 선서한다고 말한 다음 "나는 그럴수록 고문의 힘을 빌려 여사제라 부르는 두 여자 노예에게서 진실을 더 많이 끌어내는 것이 필요하다고 판단했습니다. 그러나 좋지 못한 지독한 미신밖에 찾아내지 못했습니다"라고 보고했다. 그에 대해 트라이아누스는 수색하지 말고 죄가 드러나는 경우에만 처벌하고 또한 개전하면 사면하라고 명령했다.[8]

로마는 대체로 포용성을 발휘한 나라였고 종교 문제에서도 비교적 관용적이었다. 로마는 속주의 다양한 신앙을 금지하기보다 묵인하는 정책을 취했다. 로마는 로마의 질서와 이념을 부정하지 않는 한 속주민의 신앙을 용인했을 뿐만 아니라 수용하기도 했다. 주피터(제우스)를 비롯한 그리스 신들이 큰 마

폐허가 된 다윗의 도시(예루살렘)

찰 없이 로마에 수용되었고, 이집트의 이시스와 오시리스, 동방의 미트라교와 조로아스터교 등도 로마에서 둥지를 틀 수 있었다. 현존하는 만신전(판테온)은 지중해 세계의 거의 모든 신들의 거소였다. 로마는 타키투스의 지적대로 세계의 온갖 끔찍하고 못된 것들이 모여들고 유행하는 곳이었다.

하지만 유념해야 할 것은 로마의 종교정책이 '종교의 자유'를 그 이념으로 하지는 않았다는 점이다. 종교적 관용책은 단지 세계국가인 로마가 정치적으로 필요해서 택한 정책일 뿐이었다. 말하자면 로마의 관용적 종교 정책은 '종교의 자유' 원리와는 거리가 먼 것으로 단지 통치 차원의 정책에 불과했다는 것이다. 따라서 로마는 필요할 경우에 주저하지 않고 특정 신앙을 배척하거나 박해할 수 있었고 또 그렇게 한 것이다.

박해의 원인 앞에서 말했듯이 로마는 지중해 곳곳의 신들을 받아들였는가 하면 적어도 의도적으로 억압하지는 않았다. 그런 로마가 왜 기독교를 때로 모든 수단을 다해 억압하고 박해했을까? 역사가들은 다음 몇 가지 사실을 로마가 기독교를 금지하고 결국은 박해하게 된 중요한 원인으로 꼽는다.

초기의 기독교도들은 로마인들, 특히 교양 있는 로마인들에게 행실 나쁜 광신자 내지 무뢰배적 탈선자로 비쳤다. 그뿐이 아니었다. 기독교도들은 살인 제식, 유아 살해, 근친상간 등을 일삼는 범죄자 무리로 비치기도 했다. 사실 기독교도들은 로마의 질서와 이념을 부정했다. 그들은 천국의 법과 배치되는 로마의 법을 준수하지 않으려 했고 군사적 봉사와 황제숭배를 거부했다.

제국정부는 국법을 준수하지 않고 국가적 질서 안에서 생활하기를 거부하게 하는 신앙을 금지했고, 금지령에 불복하자 박해한 것이다. 그밖에 순교도 두려워하지 않는 초기 기독교도들의 신앙심과 강력한 결속력도 로마인들, 특히 로마의 지배층에게 일종의 공포심을 갖게 했다. 더욱이 그런 결속력을 자랑한 자들이 주로 하층민 출신일 경우 불안감과 경계심은 더욱 커질 것이다.

위에서도 지적했지만 기독교가 속주민 가운데 로마의 지배에 가장 완강히 저항한 유대인의 종교라는 사실 또한 초기 기독교의 어두운 역사에 이바지했을 것이다. 산발적으로 나타난 유대인의 로마에 대한 저항은 서기 44년부터 본격적인 단계에 돌입했다. 특히 유대인들이 66년에 항복한 로마수비군을 살해했는데, 당시 베이트 호론에서는 로마군 6천 명이 목숨을 잃었다. 보복에 나선 로마는 한 도시 한 도시를 차례로 파괴하면서 팔레스타인을 점령해 나갔고, 70년에는 예루살렘을 점령한 다음 솔로몬사원을 파괴했다. 그래서 오늘날 '통곡의 벽'이라

부르는 서쪽 벽만 남게 되었다.

마사다의 자살 사건 로마군에 쫓기던 유대인 반란군과 그 가족 976명은 66년에 사해 남쪽 서편의 언덕 마사다로 피신했다. 로마는 1만 5천 명의 병력을 동원해 마사다를 포위하고 공격했으나 별다른 전과를 거두지 못하자, 마사다보다 높은 대립성(인조산)을 마사다 서쪽에 조성하기 시작했다. 73년에 이르러 대립성이 완성되어 로마군이 마사다를 효과적으로 공략할 수 있게 되자 농성하던 유대인들은 살아남기를 원한 한 여인과 여인의 아이들을 제외하고 모두 자결했다. 그 여인이 전한 바에 따르면 지도자 벤 야이르가 명예롭게 죽을 것을 촉구한 연설을 한 뒤, 10명의 남자를 제비뽑기로 선발해서 모든 사람을 찔러 죽이고 자신들의 목숨도 끊었다. 오늘날 이스라엘은 마사다를 신병 훈련의 마지막 장소로 삼음으로서 군인 정신의 교육장으로 사용한다.

2차 반란 유대인은 132년에 2차 반란을 일으켰다. 로마는 44년에 시작된 1차 반란 이후 군대를 증파해 팔레스타인을 완전히 장악했지만 유대인들은 예루살렘과 갈릴리 등지를 중심으로 줄기차게 저항했다. 그러던 중 117년에 즉위한 하드리아누스 황제가 토라 연구, 할례, 기타 유대인 관행을 금지하자 유대인들은 132년에 다시 무장항쟁에 나섰다. 그때 로마는 수백 개의 도시와 마을을 잿더미로 만들어 버렸다. 135년에 이르러 유대인의 저항은 완전히 분쇄되었다. 로마는 예루살렘을 재건했는데 솔로몬사원이 있던 곳에는 하드리아누스의 조각상을 세웠다.

기독교의 승리

기독교의 승리

 기독교는 네로 이래의 가혹한 박해, 특히 데키우스의 조직적 박해에도 굴하지 않고 로마제국에서 서서히 퍼져 나갔다. 처음에는 평민층 여성과 노예를 중심으로 퍼져갔으나 상류층도 점차 기독교를 믿기 시작했다. 3세기 말에는 기독교도가 전체 로마인의 10% 정도에 이르렀다. 신도들이 모여드는 곳에 교회를 세웠고, 그리스도의 언행을 기록한 복음서와 사도들의 행적을 서술한 『사도행전』, 그리고 사도들의 편지를 모아 『신약성서』로 편집했다. 기독교를 심하게 박해한 갈레리우스는 311년 임종 직전에 기독교를 인정하는 칙령에 서명했고,

콘스탄티누스 1세는 313년에 밀라노에서 내린 칙령으로 기독교를 공인했다. 칙령은 "모든 기독교도는 신앙의 자유가 있다"는 짧은 문장이었으나 그 역사적 의미는 매우 컸다. 그리고 기독교는 테오도시우스 1세에 의해 드디어 국교가 되었고, 다른 종교는 금지되었다.

콘스탄티누스의 개종과 관련한 에피소드(1) 1440년에 L. 발라가 위조한 문서로 밝힌 바 있고 오늘날 대부분의 학자들이 750~800년경에 위조했다는 것에 동의하는 '콘스탄티누스기진장(寄進狀)'에 따르면, 나병환자였던 콘스탄티누스는 기독교에 귀의해 병을 치료했을 뿐만 아니라 황제가 되었으므로 기독교를 공인하고 교회와 성직자들을 열성적으로 후원했다고 한다.

로마의 역사가 에우제비우스와 교부철학자 락탄티우스도 콘스탄티누스의 기독교 공인과 관련해 다음과 같은 에피소드를 전해준다. 에우세비우스에 따르면 갈리아와 브리타니아에 주둔한 군대의 추대로 공동 황제가 된 콘스탄티누스는 312년에 갈리아에서 적대 세력들과 싸우면서 로마로 진군했는데, 어느 날 해질 무렵 하늘에 십자가가 높이 걸려 있고 그 옆에 '너 이것으로 이겨라'라는 글이 써 있었다. 그것뿐만 아니라 그리스도가 그날 밤 꿈에 나타나 십자가를 군기로 걸고 싸우라고 계시했다. 그는 그리스도의 계시에 따라 십자가 군기를 걸고 싸워 연전연승하고 결국 로마를 장악했다. 락탄티우스에 따르면 그때 깃발에 걸고 방패에 그려 넣은 것은 십자가가 아나라 그리스문자에서 그리스도를 나타내는 'O' 표시였다.

콘스탄티누스의 기독교 공인과 관련해서 전해지는 또 다른 일화도 있다. 어느 날 전부인 소생의 아들인 크리스푸스가 자신을 유혹한다는 황후 파우스타의 고발에 화가 난 황제는 크리스푸스를 끓는 물에 넣어 죽여 버렸다. 그런데, 나중에 이 고발이 거짓으로 밝혀지자 이번에는 파우스타를 끓는 물에 삶아 죽여 버렸다. 이후 그로 인해 마음의 고통을 받던 콘스탄티누스를 한 주교가 기독교로 인도해 마음의 평화를 얻게 했고, 그것이 그가 개종하는 계기가 되었다는 것이다.

콘스탄티누스의 개종과 관련한 에피소드(2) 콘스탄티누스가 기독교로 개종한 역사적 배경에 대한 역사가들의 설명 또한 한결같지 않다. 여기서는 상반된 두 역사가의 견해를 살펴보자.

부르크하르트는 콘스탄티누스를 자신의 목적에 기독교를 이용한 냉혹한 기회주의자로 평가했다. 그에 따르면 콘스탄티누스는 동방을 관할하던 공동 황제 리키니우스와 전쟁(312)을 치른 이후에 기독교도들에게 더 가깝게 접근하는 것이 현명하다고 판단했고, 그래서 기독교를 공인했다. 그는 "정치에서 도덕적 양심을 외면하고 전적으로 정치적 편의라는 관점에서 종교를 다룬" 콘스탄티누스를 에우세비우스가 교회의 위대한 보호자로 만들었다고 비판했다.

E. 쉬발츠 또한 콘스탄티누스가 기독교도의 결속력을 이용해 지배권을 독점하려 한 것으로 파악했지만, N. 베인즈는 콘

스탄티누스의 개종이 독실한 신앙심의 결과일 수 있다고 말한다. 베인즈는 야망과 권력욕 때문에 잠깐의 평화마저도 거부한 콘스탄티누스에게는 기독교냐 이교냐 혹은 의식적 신앙인가 불경인가는 문제되지 않았다고 주장하는 부르크하르트의 관점에 동의하지 않는다. 또한 콘스탄티누스가 기독교의 힘을 이용해 정치적 목적을 달성하려 했으며, 특히 니케아 종교회의를 통한 황제의 승리를 '악마적 총명함'의 산물로 인식하는 쉬발츠의 관점에도 동의하지 않는다. 베인즈는 그러면서 복잡한 한 인간의 신념과 동기를 올바르게 평가하는 것은 어려운 일이라고 말한다.[9]

기독교의 승리 원인

관심을 끄는 다른 한 가지는 기독교가 어떻게 로마에서 승리했는가 하는 점이다. 다시 말하자면 세계의 지배자로 자부하던 로마인들이 왜 속주민 유대인의 신을 믿게 되었나 하는 것이다.

앞에서 말했듯이 로마의 지배층에게 천국의 계명을 따르는 기독교도들은 지상 세계의 질서―황제에 대한 충성과 숭배, 시민적 봉사, 군사적 의무 등 로마제국의 질서―를 부정하는 위험한 집단이었을 뿐만 아니라, 근친상간과 유아 살해 같은 비행을 자행하는 광신적 탈선자 집단이었다. 이런 인식 때문에 기독교는 격심한 박해를 받고 무수한 순교자를 냈다. 하지만, 기독교는 결국 로마의 국교가 됨으로써 단번에 세계종교로 도약했다. 기독교가 그처럼 로마를 정복한 것은 신의 섭리 때문이었는가, 아니면 기독교의 종교적 우월성 때문이었는가?

기독교의 교리, 예배의식, 조직력 기독교의 승리는 무엇보다도 기독교의 종교적 우월성에 기인했다. 기독교는 신자들에게 내세의 영생을 명백히 약속했다. 대부분의 로마인들이 처음으로 경험한 그 놀라운 구원의 교리는 그들로 하여금 기독교로 개종하는 데 가장 큰 역할을 했다. 누구나 죽음에 대한 공포에서 벗어날 수 없지만, 구원과 영생에 대한 확실한 약속이야말로 기독교가 로마를 정복케 한 가장 중요한 요소였을 것이다.

기독교는 또한 성별과 계급을 초월한 평등의 교리를 전도했으며 고등종교에 합당한 예배의식을 자랑했다. 기독교는 로마인들이 신봉하거나 경험한 다른 신앙체계와는 달리 피의 제물을 요구하지도 않았고 원시적, 야만적 예배의식을 강요하지도 않았다. 기독교는 현세의 생활과 관련해서도 구원과 연결해 명확한 지침을 제시했다. 말하자면 내세의 영생과 연결해 사랑과 관용, 그리고 정직과 윤리를 중심으로 하는 생활의 덕을 가르친 것이다.

또한 기독교는 어떤 종교에 비해서도 뛰어난 조직력을 자랑했다. 사실 조직력은 기독교의 성장에서 간과할 수 없는 중요한 요소다. 일부 역사가들은 기독교가 성공한 원인을 교리에 못지않게 조직성에서 찾기도 한다. 더욱이 기독교는 바로 예수 시대에 로마에 전파되었다. 부활을 포함해 예수가 행한 숱한 이적은 신화나 전설같은 이야기가 아니라, 생생한 목격담이거나 적어도 동시대의 현실적인 이야기였기 때문에 로마인들의 가슴에 효과적으로 파고들었다.

그밖의 요소들 기독교가 성공한 다른 한 요소는 기독교의 교리가 로마인에게 전혀 낯선 것만은 아니었다는 점이다. 기독교도 다른 모든 신앙이나 사상 체계와 동일하게 주변 세계의 관습과 사상에 영향을 받았다. 말하자면 기독교의 성수세례·일요일의 축일화·화신化身·성모숭배 등은 물론 심지어 영생과 부활의 교리도 이집트와 그리스 철학을 통해 로마인들, 특히 로마의 지식층들이 이미 어렴풋하게나마 경험한 것이었기 때문에 로마인들의 기독교에 대한 저항이나 거부감을 줄일 수 있었던 것이다. 바울이 강조한 '주主'관념 또한 그리스와 헬레니즘 세계가 이미 경험한 것이었다. 천신天神으로 숭앙 받은 주피터는 물론 이시스나 사라피스[10] 신앙에서도 주主 내지 주신主神 관념이 작용한 것이다.

기독교도들의 강력한 결속력 내지 연대의식 또한 초기 기독교의 역사에 중요한 영향을 끼쳤다. 초기의 기독교 사회는 신자들의 운명공동체였다고 해도 과언이 아닐 것이다. 독실한 신앙심과 강력한 유대의식으로 이루어진 기독교 사회는 높은 결속력을 자랑한 신앙공동체였다. 그러면서도 그들은 자체의 규율과 질서를 마련해 지켜가려고 노력했다. 앞에서 소개한

소플리니우스의 글은 기독교도들이 윤리적이고 정의로운 사회를 지향했음을 알게 해준다.

로마제국에서 기독교와 경쟁한 여타 종교들의 한계성도 염두에 두어야 할 것이다. 기독교는 교리, 예배의식, 신도지도 등에서 다른 종교의 한계성을 극복했다. 기독교 외의 종교들은 교리에 한계가 있었을 뿐만 아니라 예배의식이 원시적이거나 혐오스러운 경우가 많았다.

태양신을 숭배한 페르시아의 미트라교는 기독교와 공통점이 많은 데다— 테르툴리아누스는 그것을 사탄이 기독교를 모방하고 복제한 종교라고 비난했다— 전쟁에서 승리하게 해주는 신으로 여겨져 로마에 본격적으로 전래된 1세기 이후 군인은 물론 일반인들도 다수 믿었다. 거기다 미트라교는 높은 수준의 도덕적 행동과 용기, 그리고 형제애 등을 강조했다. 그러나 미트라교 역시 희생물로 바친 황소의 피로 세례를 베푸는가 하면 사제가 없어 조직력이 부족했다.[11] 이시스와 오시리스의 경우 역시 사제가 없어 조직적으로 전도하지 못했다.

그밖에도 기독교는 사람들에게 현실 문제들, 예컨대 기아, 질병, 고난 등을 악령 탓으로 돌리면서 악령 퇴치라는 해결책을 제시했다. 교세를 확대한 이후의 일이지만 기독교는 시민 보호자 역할을 하고 빈민과 고아 등을 위한 구제사업도 전개했으며, 때로는 교도들로 하여금 세금 감면 혜택 등을 받게 하기도 했다.

불만층일 수밖에 없는 하층민과 노예들, 그리고 부녀자들이 특히 평등 교리에 끌려 점차 기독교로 개종했다. 그리고 초기의 전도자들, 특히 베드로와 바울에 이어 열성적, 헌신적으로 일한 전도자들은 서서히 로마의 중류층과 상류층 시민들에게 기독교를 침투시켰다. 구원의 교리·평등의 교리·윤리적 교리들이 기독교에 승리를 안겨주었지만, 사랑의 교리야말로 기독교의 승리에 가장 크게 기여했다. 기독교는 "살아 있는 남녀의 가슴을 헤치고 들어갔기 때문에 이겼다"라고 말하는 역사가도 있지만, 기독교는 고통받는 사람, 고뇌하는 사람, 억눌린 사람들, 아니 모든 사람들이 의지하고 이해하고 사랑하게 하는 종교였기 때문에 승리했다고 하는 설명에 귀를 기울여야 할 것이다.

심령이 가난한 자는 복이 있나니 천국이 저희 것이요,
(중략) 의를 위해 핍박을 받은 자는 복이 있나니 천국이 저희 것임이라(『마태복음』 5:3-10).

『구약성서』와 『신약성서』 기독교의 경전은 『구약성서』와 『신약성서』, 그리고 신·구약 성서 66권에 들지 않는 『외경』으로 구성되어 있다. 가톨릭교회는 『외경』을 성서에 포함시키지만 개신교회는 포함시키지 않는다. 물론 유대교는 예수를 그리스도(구세주)로 인정하지 않기 때문에 『신약성서』를 경전으로 수용하지 않고 『구약성서』 39권만 경전으로 삼는다.

『구약성서』는 예수 시대에 팔레스타인에서 사용된 아람어로 쓰여진 일부 외에는 기원전 1200년부터 100년까지 오랜 시일에 걸쳐 헤브라이어로 쓰여져 내려왔다. 그러나 현재의 기독교 『구약성서』, 곧 초대 기독교가 채택한 『구약성서』는 70인 역譯 성서인데, 그것은 헤브라이어 『구약성서』를 70인이 간추려 그리스어로 옮긴 것이다. 이스라엘의 12지파에서 뽑힌 70명(혹은 72명)의 번역자가 옮겼다고 해서 70인 역으로 부르지만, 사실은 다수의 번역자들이 기원전 1세기까지 100여 년에 걸쳐 번역한 것이다. 70인의 번역자가 사용한 헤브라이어 원본 성서는 현존하는 헤브라이어 마소라본(Masoretic text)과는 다르지만 현존하지 않는다. 기독교가 70인 역을 자신들의 경전으로 수용하자 유대교는 70인 역을 버리고 새로운 헤브라이어 성서를 편집했었다.

『신약성서』는 물론 예수 그리스도의 생애와 가르침, 그 제자들의 전도, 그리고 사도들의 편지 등을 그 내용으로 한다. 좀더 구체적으로 말하면 『신약성서』 27권은 1~2세기에 걸쳐 쓰여진 공관복음서, 사도使徒행전, 사도서간, 묵시록으로 구성되어 있다. 초대 교회에 유포된 여러 문헌들 가운데 「12사도의 교훈」 「베드로의 복음서」 「베드로의 계시록」 등 일부 문헌들은 제외하고 27권만을 경전으로 선정한 것이다. 『구약성서』가 처음에 헤브라이어로 기록되었음에 비해 『신약성서』는 처음에 그리스어로 기록되었다. 초대의 기독교도들은 『신약성서』, 곧 새로운 언약을 구원의 성취로 보았으므로 이전의 경전을 구원의 약속으로 보고 『구약성서』(옛 언약)라 이름 붙였다.

3세기 말에서 4세기 초 이래 곱트어, 아르메니아어, 그루지야어 등의 번역본 성서들이 출현했지만 최초의 영역英譯 신·구약 성서는 1382년에 나온 위클리프Wyclif의 필사본이다. 틴들W.Tyndale은 1525년에 『신약성서』 영역본을 쾰른에서 발간했다. 종교개혁가 루터 역시 1522년에 비텐베르크에서 독일어 『신약성서』를 발간했는데, 이후 성서는 여러 언어로 활발하게 번역되었다.

초대 교회와 삼위일체 교리의 확립

초대 교회와 그 조직

로마제국의 공인을 받은 뒤 기독교의 교세는 급격히 성장했다. 제국정부의 지원과 주교들을 중심으로 전개된 기독교계의 노력으로 기독교의 대중화는 하루가 다르게 진척되었다. 신도의 수는 공인 뒤 100여 년이 지난 400년 전후에 이르러 약 3천만에 달한 것으로 평가된다. 물론 지역에 따라 기독교의 위상은 달랐지만 말이다.

로마제국 동부는, 황제 율리아누스(361~363)가 반反 기독교 정책을 펴면서 이교 문화를 부활시키려 하자 대부분의 도시민들이 냉담한 반응을 보인 것에서 알 수 있듯이, 기독교가 비교적 빨리 뿌리를 내렸다. 하지만 서부는 사정이 달랐다. 기독교도들을 여전히 라틴 전통을 거부하는 소수자로 여겼고, 따라서 상당한 기간 동안 중심 세력이 되지 못했다. 4세기 말에도 원로원 귀족들은 전통 종교 수호운동을 전개했다. 하지만 430년경에 이르면 서부에서도 기독교는 보편적 종교로 성장하게 된다.

여느 집단과 동일하게 기독교계에서도 교세가 확대되면서 조직이 발생했다. 기독교는 교의 해석 및 예배의식과 관련해 신도를 지도하고, 나아가 박해에 맞서 전도하고 조직을 이끌어 갈 지도자가 필요했다. 그런 지도자들을 중심으로 교회를 조직했고, 또한 교세 확장과 더불어 점차 성장해 갔다. 대체로 2세기 말에 이르러 선지자, 교사 등으로 불린 전도자들을 중심으로 소규모의 조직이 발생했다. 그리고 교세의 성장과 함께 서서히 조직을 갖추면서 장로, 감독, 집사 등의 성직자들이 출현해 교회의 지도부를 이루었다.

로마제국에서 성장한 교회 조직의 한 특징은 계서제階序制다. 황제를 정점으로 한 제국정부의 조직에 직·간접으로 영향 받은 것으로 여겨지지만, 교회의 조직은 결국 로마주교(나중엔 교황)를 정점으로 하는 계급 체제로 발전했다. 주교는 주교구를 관장할 뿐 아니라 사도나 사도의 대리자가 주교로 건립建立했다는 '사도전승설' 때문에 기독교 세계에서 최고의 위엄과 권위를 자랑하는 관리자가 되었다. 그리고 고대 세계의 유력한 다섯 주교 가운데 한 명이던 로마시 주교가 교황청의 주인이 되었다.

십일조 가톨릭교회 조직이 로마제국 정부의 조직에서 영향을 받았듯이 오늘날 기독교에서 일반화되어 있는 십일조제 또한 제국의 조세제도에 영향을 받은 듯하다. 물론 1/10세가 로마의 창조물은 아니다. 고대 오리엔트에서는 신에게 수확의 1/10을 바치는 관습이 있었고, 유대 족장들이 그것을 받아들였다. 유대 사회의 십일조 관행은 『구약성서』에 명확하게 씌어 있다(「신명기」 14:22-7).

로마의 경우 공화국 때의 평균세율은 1/10이었다.[12] 공화정 말기에도 시칠리아의 그리스계 도시에서 1/10세를 징수했고, 제국 시대에는 대부분의 속주에서 세금청부업자들이 1/10세를 징수한 것으로 전해진다. 초대 교회는 『구약성서』와 『신약성서』(「마태복음」 10:10과 「누가복음」 10:7 등)의 가르침과 제국의 세금제도에 따라 신도들이 내는 십일조에 많이 의지했고, 십일조제는 점차 하나의 관행으로 굳어 갔다.

이설과 종교회의

기독교의 성장 과정 역시 도전과 응전의 과정이었다. 물론 교세가 급속히 성장한 이후의 도전은 주로 교회 내부에서 발생한 교리상의 도전이었다. 가장 심각한 도전은 신도수가 증대하고 교회 조직이 커지면서 예수의 본성과 관련해 등장한 이설이었다. 예수의 본성 논쟁은 알렉산드리아에서 시작해 제국 동부의 교회로 확산되고 급기야 전체 교회로 퍼져갔다. 아타나시우스와 아리우스가 그리스도 본성 논쟁의 중심에 있었다.

알렉산드리아의 사제로 만물은 하나의 절대자에게서 차례로 파생했다는 사상에 영향을 받은 아리우스(250?~336)는 예수가 절대자인 여호와의 피조물이지 신은 아니라고 주장했다. 그에 따르면 예수는 여호와의 지상 대리자였을 뿐이다. 이슬람교의 예언자 무함마드(마호메트)가 자신을 신격화하려는 추종자들의 요청을 물리치고 끝까지 신의 '사자使者'로 남은 것과 비교된다.

반면 알렉산드리아의 주교인 아타나시우스(293?~373)에 따르면 예수는 여호와의 아들이자 여호와 자신이었다. 성부·성자·성신의 동일성, 곧 삼위일체를 주장한 그는 예수가 신의 아들일 뿐이라는 주장은 인간을 구원하기 위해 인간의 몸으로 화신했다는 기독교의 전통에 어긋난다며 아리우스를 비판했다.

니케아 종교회의 그리스도의 본성을 둘러싼 논쟁은 공식적으로는 325년의 니케아공의회—종교회의는 흔히 공의회公議會라 부른다—에서 마무리되었다. 콘스탄티누스대제가 자비로 개최한 제1회 니케아 종교회의는 '성부와 성자는 동일한 본질'임을 선언했고, 아리우스파를 이단으로 규정했다. 비잔틴 제국의 황제 레오 3세가 주최한 제2회 니케아 종교회의에서는 우상파괴 문제를 논의했다(787). 니케아 종교회의는 또한 '가톨릭교회'를 '유일의 사도교회'로 규정했다. '보편적'을 의미하는 용어 '가톨릭'도 이때부터 공식적으로 사용했다.[13]

하지만 이단으로 몰린 아리우스파는 한때 제국의 비호 아래 되살아나기도 했다. 즉, 아리우스파에 호의적이던 동로마의 황제 콘스탄티우스 2세가 350년에 즉위한 뒤 성부와 성자는 다르다고 선언한 것이다. 황제는 360년 이후 입장을 바꾸어 성부와 성자는 같다는 주장을 받아 들였으나, 그 이전에는 오히려 아타나시우스파가 박해를 받았다.

에페수스·칼케돈 종교회의 니케아 종교회의로 교의를 둘러싼 이설을 모두 제거한 것은 아니었다. 새로운 도전은 예수를 인간 혹은 신, 어느 한 쪽으로만 수용하려는 이른바 단성론單性論이었다. 비잔티움 대주교였던 네스토리우스(451년경 사망)는 예수를 인간으로만 파악하려 했다. 단성론자인 키릴루스와 디오스코루스는 예수를 인성(God-man) 중심으로 인식하되, 예수의 인성과 보통 사람들의 인성은 본질적으로 동일하지 않은 것으로 여겼다.

그런가 하면 시리아와 이집트의 기독교도들은 예수의 신성만을 인정하려 했다. 하지만 431년의 에페수스 종교회의에서 네스토리우스파를 이단으로 규정함으로써 단성론 문제는 일단 결말이 났다. 네스토리우스파는 그후 페르시아와 인도는 물론 중국에까지 퍼졌는데, 중국에서는 경교景教라 불렸다.

교황 레오 1세의 주도로 451년에 콘스탄티노플 부근의 칼케돈에서 열린 공의회에서 예수 그리스도는 신성과 인성을 가진 진정한 '하나님'으로 다시 규정되었다. 물론 칼케돈공의회 이후에도 북아프리카와 중동지방에서는 단성론이 수그러들지 않았다. 이집트의 콥트Coptic교파도 한 사례인데, 곱트파 신도의 일부는 19세기와 20세기에 가톨릭교와 신교로 개종했다.

도나티스파와 펠라기우스파

4세기 전후에 출현한 이단들 중에는 도나티스파와 펠라기우스파도 있었다. 그 무렵 교세의 확대로 정체성의 위기가 그치지 않았으며, 특히 구원을 얻는 방법에서 가끔 이설들이 등장했다.

당시 로마교회로부터 이단으로 몰려 탄압 받은 교파 중에서 도나투스의 추종자들(Donatist)은 은둔적이고 개인주의적인 태도를 취하려 했다. 312년에 가톨릭교회와 결별한 도나티스트들은 세례와 서임 같은 성사의 효용성을 부정하는 대신 은둔적 수도생활을 통해 완벽한 기독교도의 삶을 추구했다. 로마교회와 성 아우구스티누스의 공격과 비잔틴제국의 탄압에도 도나티스트들은 중세 초기까지 북아프리카에서 그 명맥을 유지했다.

한편 잉글랜드의 수사 펠라기우스(360~420)와 그 추종자들(펠라기우스파)은 타락한 현실 사회의 개혁을 시도하는 등 더욱 적극적인 태도를 취했다. 인간은 신에게서 완전한 삶을 영위할 수 있는 능력을 부여받았다고 믿은 펠라기우스파는 완벽한 기독교도의 삶을 추구했는가 하면, 개인의 자유의지를 강조하되 신자는 어떤 죄악도 멀리해야 한다고 주장했다. 하지만 펠라기우스파 역시 로마교회에 의해 이단으로 규정되어 탄압받았다. 성아우구스티누스는 펠라기우스파가 세례의 덕을 부정할 뿐 아니라 신과 인간의 관계를 잘못 이해하는 것으로 보았다. 모든 신자에게 수도승적 덕을 요구하는 것은 비현실적이라고 생각한 그는 결국 펠라기우스파를 파괴적 분열주의로 규정했다.

성아우구스티누스

서양사에는 두 사람의 성아우구스티누스가 등장한다. 잉글랜드의 사도 성아우구스티누스(?~604/5)와 히포의 주교로 정통 교리를 지키고 확립하는 등 교부철학을 집대성한 성아우구스티누스(354~430)가 그들이다. 여기서는 북아프리카 히포의 아우구스티누스에 대해 간략히 살펴보고자 한다. 위대한 설교가요 조직자였던 그는 젊은 시절에는 스토아철학, 마니교, 신플라톤철학 등에 빠졌다가 후일 가톨릭교로 개종했다. 그가 개종(회심)하는 데는 밀라노 주교 암브로시우스의 영향이 컸다. 개종 이후 그는 마니교, 펠라기우스파, 도나티스파 같은 기독교 이단들과 치열하게 투쟁했다.

뛰어난 사상가이며 저술가였던 아우구스티누스는 심오한

자서전인 『고백록』을 남겼는데, 그 참회록은 중요한 역사적 기록이기도 하다. 또한 그는 22권으로 된 『신국론』에서 이교와 이단에 대항해 정통 기독교 교리의 진리를 논증했다. 거기서 그는 역사 과정을 신이 주재하고 인간이 참여하는 우주적 질서의 한 부분이며, 최후의 순간에 선악의 심판을 하는 신적 서사시로 그리는가 하면, 인간의 역사를 선택된 기독교 신자들의 사회인 신국과 불신자의 사회인 지상국이 대립하는 역사로 그렸다. 그에게 인간의 역사는 전능한 신의 섭리가 지배하는 역사다. 이뿐만 아니라 그에 따르면 신은 모든 것을 이미 예정해 놓았는데 전능하고 지고至高의 선善인 신이 모르거나 뜻하지 않는 일은 있을 수 없다는 것이다. 당연하지만 그에게 신국의 시민인 기독교도들은 운명공동체이며 문화공동체였다. 신의 의지가 역사의 동인임을 되풀이 강조하고, 신국의 완성이 역사의 목적임을 논했으며, 인류의 도덕적 진보 가능성을 믿었다.

이런 아우구스티누스의 역사관은 바로 기독교 역사관이 되었다. 아우구스티누스로 하여금 『신국론』을 쓰게 한(413~416) 것은 서西고트족이 천년제국의 수도 로마를 약탈한(410) 사건 때문이다. 수도가 알라릭 휘하의 야만족에게 3일 동안 노략질당하고 다수의 시민들이 살육당하자 사람들은 로마제국도 종말에 다다랐다고 생각하기에 이르렀고, 더불어 기독교가 로마의 멸망에 책임이 있다는 주장이 제기되었다. 기독교가 로마의 전통 미덕을 훼손하고 그 신들을 분노하게 해서 망하게 되었다는 것이다. 게다가 "로마제국이 무너지면 무엇이 남는가?"라는 식의 비관론이 널리 퍼지자, 그는 기독교와 로마제국의 관계를 바로 인식시키기 위해 『신국론』을 쓴 것이다.

사실 18세기의 역사가 기번Edward Gibbon도 『로마제국 쇠망사』에서 기독교가 제국 쇠망에 일정한 역할을 할 것으로 평가했고, 그 이래 '기독교가 로마제국의 멸망에 이바지했는가' 하는 문제는 줄곧 논쟁점이 되었다. 일부 역사가들은 기독교든 아니든 종교가 국가의 성쇠에 작용한다는 인식을 정면으로 부정하기도 하지만, 기번 이래 적지 않은 수의 역사가들은 기독교가 로마제국의 약화와 멸망에 어떤 식으로든 작용했다고 생각했다.

물론 아우구스티누스는 그런 관점에 단호히 맞섰다. 그는 로마의 멸망을 포함한 국가의 성쇠를 신의 섭리에 의지해 설명했다. 그에 따르면 로마는 기독교를 받아들여 전파하게 하는 등 역할을 했지만, 본질적으로 덧없는 지상의 영예를 탐한 지상국이었기 때문에 망할 수밖에 없었다. 그리고 로마를 대신할 더욱 우월한 신국을 준비해 두었는데 새로이 도래한 신국의 시민들이야말로 평화와 행복의 완성이라는 구원을 얻게 된다. 말하자면 신은 지상국 로마를 대신할 새롭고 강건한 기독교적 질서를 준비해 두었다는 것이다.

교황권의 신장과 그레고리우스 1세와 7세

 중세가 시작된 이후 서양사의 무대는 서서히 지중해 세계에서 유럽대륙으로 옮겨갔다. 서로마제국이 망한 뒤 프랑크왕국이 유럽 기독교 세계의 핵심 세력으로 성장한 데다 이슬람 세력이 이베리아반도와 지중해를 차지하고 비잔틴제국이 약화의 길을 걸으면서 서양사의 무대는 지중해에서 유럽으로 바뀌어 갔다. 그래서 프랑크왕국, 프랑크왕국의 분열로 등장한 프랑스와 독일, 그리고 잉글랜드 등이 기독교 세계 유럽 역사의 주역으로 부상했다.

교황의 출현과 성장

 중세의 기독교 역사는 좀 거칠게 말하면 교황과 교황청의 역사라고 말해도 좋을 것이다. 기독교는 교황의 지도 아래 성장했을 뿐만 아니라 교황이 기독교계를 이끌었기 때문이다.

교황은 언제 등장했으며, 어떻게 기독교 세계의 최고 지도자로, 곧 '신의 지상至上 대리자'의 지위를 누릴 수 있었을까? 그리고 어떻게 해서 교황이 종교뿐만 아니라 정치에서도 강력한, 때로는 최고의 권위를 행사할 수 있는 지위로 성장할 수 있었을까?

로마주교의 승리와 그 원인 기독교가 로마제국에서 공인받고(313) 국교로 발전할(392) 무렵, 지중해 세계에는 5대 주교구가 있었다. 바로 예루살렘·알렉산드리아·안티오키아·콘스탄티노플·로마시 주교구들이다. 예루살렘·알렉산드리아·안티오키아 주교구는 7세기 중엽 이후 이슬람제국 땅으로 변해 기독교 세계의 주도권 경쟁에서 탈락했다. 그러나 로마주교가 비잔티움(콘스탄티노플) 주교와 벌인 기독교 세계 주도권 다툼에서 점차 우월한 지위를 자랑하고 교황이 중세의 '왕 중의 왕'으로 성장한 것은 그레고리우스 1세와 7세 같은 유능한 주교(교황)들의 노력 말고도 다음 몇 가지 요인들 때문이다.

사도전승설 로마교회가 자리 잡은 로마시는 베드로와 바울의 전도지였다. 특히 로마주교들은 자신들이 베드로의 예수계승자적 지위를 잇는다고 주장했다. 그들은 그리스도의 지상 대리자로 모든 신자를 이끌 권한을 부여받았을 뿐만 아니라, 천국의 열쇠와 죄인에 대한 처벌권을 그리스도에게서 받은 베드로의 후계자로 자부했다.

교황으로 인정받는 첫 교황은 314년부터 335년까지 교황청을 이끈 실베스터 1세지만, 레오 1세가 로마교회의 우월권을 공식으로 선언한 것은 100여 년 뒤의 일이다. 레오 1세(440~461)는 「마태복음」 16장 18절의 "또 내가 네게 이르노니, 너는 베드로라, 내가 이 반석 위에 내 교회를 세우리니, 음부의 권세가 이기지 못하리라"는 구절과, 16장 19절의 "내가 천국으로 가는 열쇠를 네게 주리니, 네가 땅에서 무엇이든지 매면 하늘에서도 매일 것이요, 네가 땅에서 무엇이든지 풀면 하늘에서도 풀리리라"는 구절에 따라 베드로가 세운 로마교회의 수위권을 공식으로 선언했다.

로마시의 위상 로마교회는 또한 로마시에 자리 잡았다는 이점을 누렸다. 로마시는 고대 말부터 중세 초에 이르기까지 지중해 세계의 중심지였다. 문자 그대로 지중해 세계의 모든 길은 로마로 통했다. 곧 로마는 당시 서양 세계의 중심이었고, 따라서 로마교회 또한 서양 세계의 중심에 있는 교회가 될 수 있었다는 것이다. 서로마제국이 망한(476) 것도 로마교회의 권위를 높이는 데 보탬이 되었다. 제국이 소멸했지만 제국을 대신할 국가가 한동안 없었으므로 로마교회는 세속적으로도 로마인들의 구심점이 되는 등 국가 같은 역할을 했다. 또한 서로마제국의 멸망은 로마교회로 하여금 국가권력의 통제에서 벗어

나게 했다. 비잔틴제국의 황제에 예속되어 있던 비잔티움교회
와 비교할 때 그것은 로마교회의 중요한 이점이 아닐 수 없다.

종교재판권 중세의 법은 신의 정의를 구현하는 것이었기에
재판을 교회나 일반 법정 어디에서 하든 상징적 심판자는 신
이었다. 신이 자신의 정의를 구현하는 수단 가운데 하나가 법
이었고, 그 법을 현실적으로 지키는 것이 종교재판이었다. 로
마교회는 종교재판권, 특히 최고의 종교재판권을 갖고 있었다.
343년에 사르디카아(소피아)에서 열린 종교회의에서 서방기에
교들은 로마교구의 상고재판 관할권을 인정했다.[14]

또한 황제 발렌티니아누스 3세(425~455)가 교황 레오 1세
와 협의한 뒤, 444년과 그 다음 해에 '신법령 17' 등 일련의
법령을 통해 서구의 모든 주교에게 로마주교의 권위에 복종하
도록 명령했고, 이후 로마교회는 종교재판의 중심지가 되었다.

갈릴레오의 일화는 종교재판이 17세기까지, 그리고 종교
문제가 아닌 과학 문제(지동설)까지 간여한 것을 알게 해주지만,
역사적으로 중세의 종교재판만큼 가혹한 재판은 없을 것이다.
화형 같은 무서운 벌을 내리기도 한 종교재판은 교리를 지키
고 교회의 권위를 높이는 없어서는 안 될 무기가 되었다. 로마
주교는 최고 종교재판관으로서 이단을 응징하고 교회를 정화
해 가면서 종교적·비종교적 일에서 그 권위를 높여갔다.

종교재판 중에서도 특히 이단 심문은 가혹한 형벌이 따르
는 경우가 많았다. 주교나 교황이 임명한 이단 심문관이 내리

는 형벌 가운데 가벼운 형벌에 드는 것은 미사나 순례 금지, 단식이나 태형, 공직 박탈 등이었고 '✝'자 마크를 가슴과 등에 붙이거나 삭발하는 벌도 있었다. 또한 혀를 자르거나 화형에 처하는 형벌도 잦았다. 특히 악명 높았던 독일의 이단 심문관 폰 마르부르크는 화형과 같은 극형을 내리는 것을 서슴지 않았다. 그처럼 가혹했기 때문에 마르부르크 같은 이단 심문관들에게서 자백을 강요받은 혐의자는 극형을 면할 것을 기대하며 무고한 사람을 연루자로 만들기도 했다. 밀고제가 악용되어 '아우는 형을, 아내는 남편을, 종은 주인'을 밀고하는 일이 잦았다고 한다.

프랑크왕국과 제휴 프랑크왕국과 제휴한 일도 교황권의 성장에 이바지했다. 프랑크족을 통일해 왕국을 세운 클로비스가 기독교로 개종한 이후, 프랑크왕국과 로마교회는 상호 보완적인 관계를 맺었다. 카롤루스 마르텔이 732년에 이슬람교도와 치른 뚜르전투 때 자신을 따르는 자들에게 교회의 땅을 징발하여 나누어줌으로써 한때 서로 틈이 생겼으나, 그의 아들 피핀 난쟁이 왕(741~768) 때에 둘은 오히려 더 긴밀한 관계를 맺게 되었다.

그 무렵 북이탈리아의 광포한 게르만족 롬바르디아가 라벤나까지 진출해서 교황청을 위협했다. 그러자 교황 스테파누스 2세는 피핀에게 원조를 요청했고, 피핀은 두 차례에 걸쳐 이탈리아로 원정 가 롬바르디아를 응징했을 뿐만 아니라, 그들에게서 빼앗은 라벤나와 그 주변 지역을 교황청에 기진寄進했다(1, 2차 기진). 교황은 그때까지 비잔틴제국의 라벤나 총독에게 내린 '로마인의 아버지'란 칭호를 피핀에게 부여했다. 교황청은 피핀이 기진한 땅과 로마 부근의 영토를 합쳐 교황령을 갖게 되었다. 그때부터 교황청은 상당한 넓이의 영토를 보유한 국가가 되었는데, 그 교황령은토를 세기까지 이어졌다.

피핀의 아들 카롤루스대제도 774년에 이탈리아 원정을 단행해 다시 교황청을 위협하던 롬바르디아왕국을 정복했다.15) 더욱이 그는 반대 세력의 저항으로 위기에 처한 교황 레오 3세를 도와 그의 지위를 견고히 해주었다. 레오는 이에 감사하고 나아가 카롤루스가 기독교에 기여한 공로 — 그는 유럽의 여러 지역을 정복하고 그곳의 주민들을 기독교로 개종시켰다 — 를 기리기 위해 800년 크리스마스 미사에서 그를 서로마제국의 황제로 추대하고 대관식을 거행했다. 그래서 카롤루스는 (실제로 존재하지는 않았지만) 서로마제국의 황제가 되었고, 이후 그는 샤를마뉴로 불렸다.

피핀과 카롤루스의 교황청 지원은 교황이 독립 세력으로 성장하는 데 크게 기여했다. 사실 교황청의 새로운 보호자로 등장한 프랑크족은 교황청의 독립에 위협이 되는 점도 있었다. 하지만 프랑크왕국의 지원은 로마교회로 하여금 정치권에서 독립한 교황체제를 확립하고, 나아가 후일 군주들과 벌이는 투쟁에서 승리할 수 있는 기반을 구축할 수 있게 했다. 물론 프랑크왕국과 맺은 제휴는 교황청과 비잔틴제국의 관계를 더욱 소원하게 만들었다. 이제 유럽 역사는 로마-비잔티움 축이 아니라 로마-파리 축으로 발전해 갔으며(파리가 아직 프랑크 왕국의 수도는 아니었으나 편의상 로마-파리 축으로 표현한다) 로마교회와 비잔티움교회의 대립도 커져 갔다.

교황 그레고리우스 1세와 7세

다른 교회들보다 우월한 지위를 누리게 된 로마교회의 주교는 점차 교황으로 불리게 되었다. 그러나 교황청이 우월권을 손쉽게 얻은 것은 아니었다. 사실 레오 1세가 로마교회의 우월권을 공식으로 선언한 이후 교회의 지상권至上權은 이론상으로는 확고한 듯했으나 실제로는 그렇지 못했다. 발렌티니아누스 3세가 종교재판권의 귀속 문제에 간여한 것에서 짐작할 수 있지만, 로마제국의 황제는 여전히 로마교회에 간섭했다.

또한 교황청이 비잔틴제국 황제의 영향력을 완전히 벗어난 것도 아니었다. 물론 서로마제국이 망한 이후 교황청에 대한 비잔틴황제의 직접적 간섭은 상당히 줄어들었지만, 황제의 힘이 로마교회에서 확실하게 제거된 것은 아니었다.

비잔티움교회의 도전 또한 만만치 않았다. 서로마제국이 망한 상태에서 동로마제국은 자신이 로마제국 전체를 계승한다고 주장했다. 동로마제국의 이와 같은 정통성 주장은 기독교계의 지도권을 놓고 로마교회와 경쟁해온 비잔티움교회의 입지를 당연히 강화시켰다. 교황청의 위상이 확고해진 그레고리우스 1세 이후에도 로마교회와 비잔티움교회는 교리는 물론 지역교회의 관할권 등을 놓고 대립했다. 그리고 11세기 중엽에 두 교회는 서로 상대 교회를 파문하고 완전히 결별했다.

그레고리우스 1세가 즉위할 무렵의 로마시는 결코 시민들이 태평가를 부르는 상황은 아니었다. 오히려 민사 행정은 마비되고 시민들은 굶주렸다. 게다가 롬바르디아족이 때를 가리지 않고 위협했지만 방어는 쉽지 않았다. 그레고리우스 1세가 593년에 로마시민에게 한 연설은 로마가 처한 어려운 상황을 잘 말해준다.

> 한때 이 세계의 여왕으로 존경받던 로마는 오늘날 어찌 되었는가? 수많은 사람들이 참담한 고난에 기진맥진하고, 시민은 크게 줄어들고, 적들은 쳐들어오고, 건물들은 망가져 언제 무너질지 모르고 (중략) 원로원은 어디에 있는가? 인민은 어디에 있는가? 뼈다귀는 모두 흩어지고, 살은 문드러졌으며, 이 세계가 자랑하던 장엄함과 화려함은 모두 사라져 버렸다.

초기의 유능한 교황들은 이런 어려운 상황을 극복하고 교황청을 반석 위에 올려놓는 데 성공했다. 그들은 비잔틴제국의 황제와 투쟁해 교황청의 독자성을 지켰는가 하면, 교회 조직을 재정비하고 성직자 사회를 정화했을 뿐만 아니라 교황의 권위를 강화하는 데 노력했다. 여기서는 그레고리우스 1세와 7세의 교황청을 살펴보자.

그레고리우스 1세 그레고리우스 1세(590~604)는 교황청을 반석 위에 올려놓은 교황으로 평가받는다. 그렇게 길지 않은 세월 동안 로마교회를 이끌면서 가톨릭교회의 정의 구현은 물론, 로마시민의 안위를 위해 노력한 그레고리우스 1세야말로 교황청의 확립자라고 해도 좋을 것이다.

앞에서 말했듯이 다른 교회보다 우월한 지위를 누리게 되면서 로마교회의 주교는 알게 모르게 교황으로 불렸지만, 로마주교가 확고하고 완전한 교황으로서 지위를 누리게 된 것은 그레고리우스 1세 때부터 나타난 일이다. 그는 교황청을 괴롭혀온 중·북부 이탈리아의 롬바르디아족을 가톨릭교로 개종시켜 교세를 크게 신장시켰다. 그때 바르바리아의 왕녀 테오델린다가 큰 공을 세웠다. 롬바르디아 왕 아우타리의 비妃이면서 가톨릭교도였던 테오델린다는 아우타리를 이은 아기룰프의 왕비가 되어 롬바르디아를 기독교로 개종시키는 데 큰 역할을 했다.

그레고리우스 1세는 교황으로 즉위하기 전부터 롬바르디아족 문제를 해결하기 위해 노력했다. 동고트족과 비잔틴제국의 싸움을 지켜보면서 소년 시절을 보낸 그는 28세 때에 이탈리아 북부를 장악하고 교황청을 위협하던 롬바르디아족의 만행도 경험해야 했다. 이후 관리로 입신하여 로마시 행정장관이 되었지만 574년에 관직을 버리고 수도원으로 들어갔다.

하지만 그레고리우스의 뛰어난 재능을 알고 있던 교황 베네딕투스 1세는 579년에 그를 비잔티움에 특사로 보냈다. 비잔틴제국의 지원을 받아 롬바르디아를 퇴치하기 위해서였다. 당시 비잔틴제국은 북쪽에서 준동하던 아바르족 때문에 로마교회를 도울 여력이 없었다. 그래서 그는 원조를 얻는 데는 실패했지만 비잔티움에 머무는 동안 황제와 교회의 관계 등 제국의 형편을 파악할 수 있었다. 결국 그레고리우스는 롬바르디아족을 개종시키는 데 성공한 데 이어, 스페인의 서고트왕국과 영국도 가톨릭교의 땅이 되게 했다.

교황은 그때 로마에 있던 수도원의 수사인 아우구스티누스를 40명의 수사와 함께 영국에 파견했다. 597년에 켄트에 도착한 아우구스티누스 일행은 그해 크리스마스에 켄트왕국의 에셀버트 1세의 신하들에게 세례를 베풀었는가 하면, 캔터베리에 교회를 세우는 등 켄트왕국을 기독교 땅으로 바꾸어갔다. 그래서 최초의 캔터베리 대주교가 된 아우구스티누스는 이후 '잉글랜드의 사도'로 불렸으며 캔터베리는 영국 가톨릭교의 중심지로 발전했다. 오늘날 캔터베리 대주교는 영국 교회를 대표하는 수석 주교 역할을 하고 있다.[16]

그레고리우스 1세는 그밖에도 교황청의 교회 감독권을 강화하고 종교재판을 주도하면서 교회와 성직자들의 지위를 향상시켰으며, 성직자 지침서와 같은 『목자의 서』를 지어 성직자들을 지도했다. 그는 예배음악을 포함해 서구의 예배의식을 통일했으며 수도원을 후원했다. 그레고리우스는 이처럼 교세를 넓히고 교황의 권위를 높인 것은 물론 기독교의 교리와 예배의식을 정리하고 통일하는 데 기여했다.

잉글랜드 개종과 관련한 에피소드 그레고리우스 1세가 롬바르디아족을 개종시킨 다음, 잉글랜드의 앵글로-색슨족을 개종하는 데 엄청난 노력을 기울이게 된 것과 관련해 재미있는 일화가 전해온다. 영국의 역사가 성비드의 이야기에 따르면, 그레고리우스는 로마의 한 시장에서 팔리기를 기다리는 파란 눈의 금발 소년들에게서 처음으로 영국에 관한 이야기를 들었다.

총명하고 아름다운 소년들이 이교도임에 실망한 교황은 "저 아이들은 누구인가?"라고 물었다. 앵글로족이라는 답을 들은 그는 "그럴 듯하군, 그래서 엔젤(천사) 같은 모습이구나"라고 말했다고 한다. 이야기의 진실성은 의심스러우나 그레고리우스가 로마에서 영국 출신 노예들을 보았을 가능성은 충분히 있다. 그레고리우스는 그들에 대해 질문을 계속한다.

"그들은 어디서 왔는가?"
"데이라Deira(노덤브랜드의 한 속주)에서 왔습니다."
"그들이 하나님의 노여움에서(de ira dei) 벗어나 구원을 얻게 하리라. 그들의 왕은 누구인가?"
"아엘레Aelle라는 자입니다."
"그의 인민으로 하여금 주를 찬미하는 노래를 부르게 하리라."

그레고리우스 7세의 서임권 투쟁 추기경 시절부터 교회의 개혁과 교권의 확립을 위해 노력해온 그레고리우스 7세(1073~1085)는 특히 두 가지 중요한 일을 추진함으로써 교황권의 신장은 물론 기독교의 발전에 크게 이바지했다. 하나는 성직자 독신제도 확립과 성직 매매 금지였고 다른 하나는 서임권 투쟁이었다.

그레고리우스 7세는 성직자 사회를 정화하기 위해 성직매매를 금하고 성직자 독신제도를 확립했다. 성직 매매야말로 교회를 부패시키는 지름길이지만 성직자의 대처帶妻(아내를 둠) 또한 성직자 사회의 부패를 적지 않게 조장했다. 사랑하는 부인이나 자신의 분신과 같은 자식이 있을 경우 세속적 유혹, 특히 물질적 유혹을 이겨내는 일이 쉽지 않을 것이기 때문이다. 그러므로 성직자 독신 제도는 성직자들이 오로지 신을 예배하고 신도들을 지도하는 일에만 전심전력할 수 있게 한다.

서임권 투쟁 중세 유럽의 중요한 현상 가운데 하나는 속권俗權과 교권敎權 사이에 명확한 선이 그어져 있지 않은 것이다. 중세는 교회와 국가 혹은 신국과 지상국의 이원체제였고, 따라서 양자의 이해관계 또한 밀접히 엉켜 있었다. 두 세력 사이의 모호한 관할권은 결국 충돌을 불러왔다. 교황과 황제 중 어느 한 편이 상대적으로 허약했을 경우 타협이 이루어질 수 있었을지도 모른다. 그러나 적극적이고 야망에 찬 인물들이 출현하게 되면서 두 세력은 대립으로 치달았다.

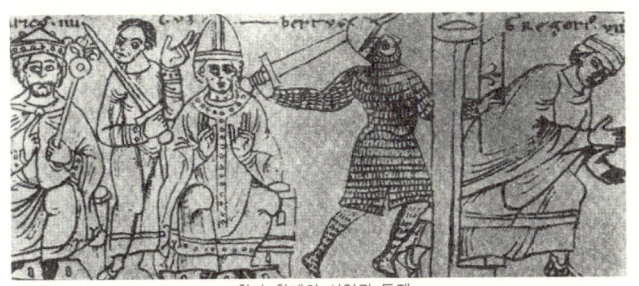
교황과 황제의 서임권 투쟁.
카노사의 굴욕 이후 입지를 회복한 하인리히 4세(왼쪽)가
대립교황 클레멘스 3세(중앙)를 내세워 그레고리우스 7세(오른쪽)를 추방함.

특히 성직자는 한편으로는 교황 휘하의 성직자이면서 다른 편으론 국왕의 봉신(영주)이었으므로, 국왕과 교황은 서로 주교와 같은 고위 성직자에 대한 자신들의 권리를 주장했다. 서임권 문제는 고위 성직자의 그런 이중적 성격에서 비롯했다. 말할 필요도 없지만 성직자 임면권은 교황과 군주 어느 편에도 중요한 문제였다. 그것은 경제적 이해관계는 물론 양측의 권위 문제와도 연결되었다. 그레고리우스 7세는 군주에게서 주교와 수도원장 등 고위 성직자의 임면권을 회수해 교회법으로 선출하기 위해 투쟁했다.

그레고리우스 7세의 서임권 투쟁은 독일 황제 하인리히 4세(1084~1105/6)와 정면충돌을 불러왔다. 독일은 962년부터 신성로마제국으로 자처해 왔다. 독일의 경우 더 현저했지만 국왕이 성직자 서임권을 행사했고, 따라서 성직 매매 같은 부패한 관행도 드문 일이 아니었다. 하인리히에게서 성직자 서임권을 되찾기로 작정한 그레고리우스 7세는 즉위 직후, 그에게

서한을 보내 자신이 독일로 여행하는 데 협조할 것과 밀라노 주교 선출에 간여하지 말 것을 요청했다. 교황은 이어 1075년에 로마에서 종교회의를 열고 국왕의 주교 및 수도원장 서임권을 인정하지 않는다고 선언했다. 그 후에도 그는 교황청 교서를 통해 "교황은 누구에게도 심판받을 수 없다"거나 "교황에게는 황제를 폐위시킬 권한이 있다"는 등의 도전적 주장을 폈다.

그때 작센에서 일어난 반란을 진압하는 데 성공해서 자신감을 얻은 하인리히 4세는 교황의 요구를 일축하고 밀라노주교의 선출에 간여했다. 교황은 서한을 보내 파문하고 폐위할 것이라고 위협했다. 그에 맞서 하인리히 4세는 독일 주교들을 소집해 종교회의를 열어, 그레고리우스 7세가 힘으로 교황 자리를 빼앗은 찬탈자이며 황제권을 침해한 자라고 비난했다. 교황은 1076년에 결국 황제를 파문하고 폐위를 선언했다.

교황의 조처는 황제가 예상하지 못한 상황을 초래했다. 어느 나라에서나 귀족들은 자신들의 권익을 보전하고 증대시키기 위해 왕권이 강화되는 것을 원하지 않았다. 독일 영주들도 작센 반군을 진압해서 입지가 강화된 하인리히 4세를 견제하기 위해 그를 버리고 교황 편에 서려 했다. 말하자면 독일의 영주들이 국왕과 교황의 싸움에서 국왕을 견제하기 위해 교황을 지지한 것이다. 황제를 더욱 어렵게 한 것은 자신을 지지해 온 주교들마저 교황의 엄숙한 파문 선고에 당황한 나머지 교황 편으로 돌아서버린 일이다.

하인리히에 등을 돌려 교황 측에 선 독일의 귀족과 주교들은 그레고리우스 7세의 주재 아래 1077년에 아우크스부르크에서 종교회의를 열기로 합의했다. 독일의 고위 성직자와 귀족들이 교황 측에 섰으므로 파문당한 하인리히 4세는 군대를 동원하는 등의 대응을 할 수가 없었다. 중세의 독일은 지방분권화가 유독 심해서 황제권이 미약했기 때문이다.

카놋사에서 벌어진 일 패배를 자인한 하인리히 4세는 사면을 구걸하기 위해 교황청이 있는 로마로 향했다. 그가 알프스를 넘을 무렵 교황 일행도 아우크스부르크를 향해 북행하고 있었다. 교황과 황제는 1077년 1월 21일 알프스의 카놋사성에서 만났다. 황제는 참회자답게 맨발에 나무 옷차림으로 꼬박 3일 동안 죄를 고백하고 사면을 애걸했다.

1077년의 알프스 산악지대는 중세 전체를 통해 유난히 추웠던 것으로 전해진다. 상상만 해도 참으로 놀라운 광경이 아닐 수 없다. 전쟁에 패해 포로가 된 것도 아닌데 신성로마제국의 황제가 그렇게까지 비굴할 수가 있는가? 1636년 청나라에 패한 인조가 한강의 삼전도에서 청나라 태조에게 무릎을 꿇은 굴욕이 떠오른다. 교황은 참회를 받아들여 황제를 사면했다. 그리고 역사는 그 일을 '카놋사의 굴욕'으로 기록한다.

그러나 그것으로 두 사람의 싸움이 끝난 것은 아니었다. 파문에서 풀려난 하인리히 4세는 귀족들을 회유하는 등 지지자를 끌어 모으기 위해 온갖 노력을 기울였다. 한편 교황의 사면에 불만이던 교황측 주교들은 하인리히 4세에 맞서 루돌프를 독일황제로 선출했다. 독일은 일시 내전에 휩싸였으나 하인리히 4세는 루돌프를 제거하는 데 성공했다.

망설이다 루돌프를 지지한 그레고리우스 7세는 하인리히 4세를 재차 파문하고 폐위를 선언했지만, 바로 그 시점에 교황이 지지한 루돌프는 전쟁에 패해 목숨을 잃었다. 이제 황제가 더욱 유리한 위치에 서게 되었다. 하인리히 4세는 클레멘트 3세(1187~1191)를 대립對立 교황으로 임명한 뒤 교황청을 향해 이탈리아 원정에 나섰다. 로마의 성베드로성당에서 대립 교황 클레멘트 3세가 집전한 장엄한 대관식에서 하인리히 4세가 빛나는 황제의 관을 쓰고 있을 때, 그레고리우스 7세는 성베드로성당에서 불과 몇 킬로미터밖에 떨어지지 않은 성안젤로 요새에 피신해 있었다. 교황은 남부 이탈리아를 지배하고 있던 노르만족에게 원조를 요청해 위기를 넘겼으나, 광포한 노르만족은 로마시를 약탈한 뒤 교황을 데리고 자신들의 땅으로 철수했다. 그레고리우스 7세는 몇 달 뒤 그곳에서 타계했다.

고위 성직자의 서임권을 차지하기 위한 속권과 교권의 싸움은 그것으로 마무리되지 않았지만, 그레고리우스 7세의 투쟁은 결과적으로 교황의 권위를 높이는 데 기여했다. 그의 정치적 주장이 전적으로 받아들여지지는 않았으나 종교적 문제에 관한 한 기독교 세계 최고 지배자로서 교황의 지위가 강력하게 천명되고 또 보편적으로 인정받은 것이다. 그리고 후계자들도 그레고리우스 7세의 개혁 작업을 계승했다.

그리고 1122년에 마침내 교황 칼릭스투스 2세와 황제 하인리히 5세의 타협으로 '보름스협약'이 채결되었다. 황제는 성직의 상징인 반지와 목장牧杖을 주교에게 수여하는 관행을 포기했고, 교황은 황제가 주교에게 세속적 권리를 부여하는 것을 허용했다. 곧 국왕이 주교 서임권을 포기한 대신 주교는 국왕의 봉신도 되어야 했다. 사실 독일의 경우, 황제가 임석한 가운데 성직자의 선거를 실시하는 등 아직 교황이 결정적 승리를 거둔 것은 아니었다. 그러나 황제가 성직자의 서임권을 포기한 것은 프랑크왕국 샤를마뉴 이래 속권 우위의 전통이 무너졌음을 의미하는 일이었다. 보름스협약은 다른 많은 문제를 해결하지는 못했지만, 두 세력의 타협으로 서임권 투쟁을 끝내는 것에는 성공했다.

그레고리우스 7세 개혁의 평가 성직자 사회 정화와 서임권 투쟁으로 압축되는 그레고리우스 7세 개혁의 역사적 의미는 무엇일까? 역사가들은 특히 서임권 투쟁의 의미에 유의한다. 사실 교황과 황제의 대결은 강력한 두 세력의 충돌이라는 차원만은 아니었다. 그것은 유럽의 두 제도를 대표하는 세력 사이의 싸움이었다. 서임권 투쟁은 '교황-황제 싸움'의 절정이되 어느 쪽이 실제 승자인지 불확실했기 때문에 더욱 흥미진진했다.

그레고리우스 개혁은 몇 가지 중요한 변화와 연결되었기 때문에 더욱 흥미롭다. 11세기에는 그레고리우스 7세 개혁 외에도 세 가지 중요한 발전을 했다. 상업의 발전과 도시의 성장, 노르만족의 잉글랜드 장악(1066), 십자군운동이 그것이다.

상업 발전의 산물인 도시 코뮌은 교회의 권위에 대한 도전과 반反성직자주의를 자극했다. 노르만족의 수중에 떨어진 잉글랜드는 점차 강력한 중앙집권체제, 곧 비非봉건적 체제를 지향함으로써 봉건 사회에서 성장한 교권을 위협했다. 그리고 그레고리우스 7세 개혁 이후의 일이지만, 십자군운동 또한 서서히 상업을 부활시키고 중앙집권 국가를 출현시킴으로서 교권을 위협했다. 사실 교권이 본격적으로 약화의 길을 걷기 시작한 것은 14세기 초부터였다. 그러나 그레고리우스 7세 개혁은 그런 의미 있는 사건의 와중에 일어난 일이었기 때문에, 전형적인 중세적 사건이었는데도 중세 사회의 변질에 적지 않게 기여했다.[17]

인노켄티우스 3세와 교권의 승리

'왕 중의 왕' 인노켄티우스 3세

그레고리우스 7세 이후에도 꾸준히 성장한 교권은 37세에 즉위한 인노켄티우스 3세(1198~1216)에 이르러 드디어 그 전성기를 맞았다. 5~6세기 이래, 때로는 심각한 침체를 경험하면서도 서서히 성장해온 교권은 결국 12세기 초에 이르러 상승곡선의 정점에 도달한 것이다. 악명 높은 제4차 십자군을 주도한 인노켄티우스 3세는 정신적으로는 물론 정치적으로도 유럽의 최고 지배자로 군림했다. 유럽의 주요 군주들과 벌인 투쟁에서 그가 거둔 정치적 성공은 그의 권위를 짐작할 수 있게 한다.

제위 계승 간섭 인노켄티우스 3세는 먼저 독일 황제들과의 싸움에서 승리를 거두었다. 하인리히 6세가 지배한 시칠리아를 되찾기로 작정한 교황에게 드디어 기회가 왔다. 독일은 제위계승을 둘러싸고 분쟁에 빠졌고, 그는 그것을 간섭할 기회로 삼은 것이다. 교황은 그때 독일 제후들이 황제 후보자를 천거할 권리를 가진 반면, 자신은 후보자를 심사할 권리가 있다고 주장했다.

인노켄티우스 3세는 오토 4세(1208~1215)를 지지해 황제에 즉위할 수 있게 했다. 그러나 오토가 시칠리아를 교황청에 돌려주기로 한 약속을 지키지 않자, 교황은 그를 파문하고 프리드리히 2세(1215~1250)를 지지해 즉위할 수 있게 했다. 하지만 시칠리아 출신의 프리드리히 2세는 오토 4세보다 더 무서운 적으로 변신했다. 인노켄티우스는 그처럼 황제 선출에 간여하고 자신의 지원으로 제위에 오른 두 황제에게 영향력을 행사하려 하는 등 독일 정치에 깊이 개입했다.

존엄왕의 굴복 프랑스의 존엄왕 필리프(1180~1223)는 이혼 문제로 인노켄티우스 3세에게 간섭할 빌미를 주었다. 필리프는 막대한 현금 지참금과 함대의 지원을 기대하며 덴마크의 잉게보르그 공주와 결혼했다. 그러나 공주에게 싫증이 난 필리프는 2년 뒤에 일단의 고위 성직자를 설득해 인척 관계를 구실로 이혼을 선언하게 했다. 인노켄티우스의 전임 교황 셀레스티누스 3세는 잉게보르그와 덴마크 왕실의 항고를 받아들여 이혼의 무효를 선언했으나, 존엄왕은 이를 무시하고 1196년에 남부 바이에른 영주의 딸 아그네스와 결혼했다.

그럼에도 별다른 조처를 취하지 못한 셀레스티누스 3세와는 달리 인노켄티우스 3세는 그런 도전을 허용할 교황이 아니었다. 존엄왕이 불복하자 인노켄티우스는 프랑스에 성무금령(교회의 모든 공식적 업무를 사실상 정지시키는 명령)을 내렸고 필리프는 '존엄왕'이란 칭호가 무색하게도 결국 굴복해서 이혼을 취소한 뒤 잉게보르그를 다시 왕비로 맞았다.

존왕의 굴복 영국 의회민주정치의 초석이 된 '대헌장'을 승인한 존(1199~1216) 또한 불운하게도 인노켄티우스 3세가 교황으로 군림하던 때에 영국을 통치했다. 교황은 스티븐 랭턴을 캔터베리 대주교로 임명한 자신의 조처에 반대한 존에게도 준엄한 벌을 내렸다. 영국에 1208년에 성무금령이 내려지고 존은 파문당했다. 교황은 1212년에 존의 폐 준엄선언한 뒤 프랑스의 필리프 2세에게 무력으로 존을 축출하도록 권고했다.

필리프가 군대를 동원하자 존은 교황에게 굴복하고 랭턴을 캔터베리 대주교로 받아들인 것은 물론 형식적으로 영국을 교황에게 바친 뒤 교황의 봉토로 되돌려 받았다. 그래서 잉글랜드의 왕인 존은 교황의 봉신이 되었다. 1215년에 존은 랭턴을 포함하는 귀족들의 요구에 응해 대헌장을 승인했다. 이는 인노켄티우스 3세와 벌인 싸움에서 여지없이 패배했는가 하면 프랑스에게 노르망디를 빼앗기는 등 — 그는 불명예스럽게도 실지왕失地王으로 불린다─국민의 지지를 잃었기 때문에 귀족의 요구에 응해 '대헌장'을 승인하지 않을 수 없었던 것이다.

라테란 종교회의 인노켄티우스 3세는 이처럼 유럽의 주요 3국의 군주들과 싸워 승리했을 뿐만 아니라 아라곤, 포르투갈, 카스티야의 국왕들도 자신의 봉신으로 삼았다. 그는 그들을 봉신으로 삼음으로써 자신의 위엄을 더한 것은 물론이고 그들이 해마다 바치는 공물로 교황청의 수입을 늘렸다. 그리고 그는 1215년에 성지회복과 교회 개혁 문제를 주요 의제로 삼아 교황청에서 열린 라테란 종교회의에서 자신의 권위를 한껏 뽐냈다. 4백여 명의 주교, 8백여 명의 수도원장, 유럽 대영주들의 사절 등 2천 5백여 명이 참가한 역사상 유례가 없는 대규모 공의회에서 교황은 자신의 절대적 권위를 승인 받았다. 이제 교황은 태양이고, 세속 군주는 그 빛을 받아 빛을 내는 달 같은 존재가 되었다. 따라서 교황은 세속 군주의 심판자가 되었다.

라테란 종교회의에서는 그밖에도 기독교의 기본 교리가 재천명되었다. 성체성사에서 빵과 포도주의 '본질'이 그리스도의 '살과 피'로 변한다는 화체설化體說이 엄격하게 재확인되고, 가톨릭교도는 적어도 1년에 한 차례 사제에 고해하도록 했다. 사제는 독신이어야 하고 음주·도박·사냥·상행위·여인숙 출입·화려한 옷차림을 하지 못하게 했으며, 목자의 의무인 영혼 치유를 대가로 지나친 시주를 받지 못하게 했다.

승리의 배경과 의미 인노켄티우스 3세가 승리한 원인은 무엇일까? 그의 승리는 오로지 그의 개인적 능력에서 비롯한 것만은 아니다. 독일의 경우, 제위를 둘러싼 내분이 그에게 두 번에 걸쳐 황제선출에 간여할 기회를 주었고, 프랑스와 영국의 격렬한 대립 또한 그가 두 나라 지배자들 사이의 투쟁에서 유리한 입지를 차지하게 했다. 물론 인노켄티우스 3세의 탁월한 영도력도 그로 하여금 '왕 중의 왕'의 권위를 자랑하게 하는 데 적지 않게 이바지했다. 그는 지적이되 강한 의지의 인물이었을 뿐만 아니라 뛰어난 행정가였다.

인노켄티우스 3세는 교회 안의 조직을 강화하고, 그 조직을 통해 교황청의 평화와 질서를 유지했다. 그래서 그는 역대 교황들, 특히 그레고리우스 1세와 7세 등 유능한 교황들의 업적을 토대로 교회의 전성기를 연출하고 교황신정주의를 상당한 정도로 실현할 수 있었던 것이다. 이제 유럽은 명실상부한 하나의 신앙공동체가 되었고, 교황은 그 공동체를 이끌어가는 중심 세력이 되었다.

'우남 상크탐'과 교권 쇠퇴의 시작

그레고리우스 7세의 개혁은 상업 경제의 발전, 반反성직주의적 도시의 성장, 왕권의 강화라는 새로운 현상과 연결되어 있었다. 더불어 13세기 말 이래 봉건제도는 서서히 무너져간 반면 중앙집권적 통일 국가가 출현하면서 그 존립의 기반이

흔들린 교황권은 점차 쇠퇴의 길을 걷게 되었다.

우남 상크탐 가스코뉴공령(公領)의 쟁탈전에 필요한 전비를 마련해야 했던 프랑스의 필리프 4세(1285~1314)는 국방을 위해서는 성직자에게 과세할 수 있다고 주장했다. 그러자 억센 교황인 보니파티우스 8세(1294~1303)는 1296년에 교서를 내려, 교황의 동의 없이 국왕과 영주들이 과세하는 것을 금지했다. 그러나 필리프 4세는 그에 맞서 귀금속과 화폐가 프랑스에서 교황청으로 흘러 들어가는 것을 금지했다. 난처해진 교황은 한발 물러서서 비상시에는 국왕이 교황의 동의 없이도 과세할 수 있음을 인정했다.

하지만 국왕과 교황은 1300년에 국왕에게 적대 행위를 한 주교의 처벌 문제를 둘러싸고 다시 격돌했다. 필리프 4세는 주교의 처리 문제를 교황청에 넘겼지만 크게 노한 교황은 '아들아, 들어라'라는 교서를 통해 그를 공개적으로 비난하고, 군주가 사악할 경우 교황이 그 나라의 일에 간섭할 수 있다고 주장했다. 그것에 맞서 '바보 전하'로 부르는 등 교황을 격렬히 비난한 필리프 4세는 국민의 지지라는 최고의 무기로 무장하기 위해 '삼부회'를 소집했다. 그래서 1789년의 프랑스혁명 때 특히 유명해진 삼부회의 역사가 시작되었다.

교황은 그에 대항해 1302년에 새로운 교서 '우남 상크탐 Unam Sanctam(단 하나의 성스러움)'을 발표해 필리프 4세를 파문하려 했다. '우남 상크탐'은 속권에 대해 교권이 절대적으로 우월하다는 주장을 담았다. "신앙은 단 하나의 성스럽고 보편적이고 사도적인 교회를 승인하고 고수할 것을 우리들에게 명한다"로 시작하는 이 교서는 "만일 세속적 권력이 과오를 저지르면 영적 권력으로 심판 받아야 하며, 영적 권력은 위엄이나 고귀함에서 세속적 권력보다 우월하다"[18]고 주장한다.

필리프 4세는 교황을 제거하기로 작정하고 심복들을 이탈리아로 보냈다. 필리프 4세의 심복인 노가레 일당은 결국 아나니에서 교황을 납치했다. 안팎의 압력 때문에 노가레는 교황을 석방했으나 80세가 넘은 고령의 보니파티우스 8세는 충격과 굴욕감을 이기지 못해 곧 타계했다. '왕 중의 왕'에 비유될 정도로 강력했던 교황권이 드디어 쇠퇴의 길목에 이르렀음을 알려주는 신호는 그처럼 매우 요란했다.

아비뇽유수와 대분열 교황청의 수난은 그것으로 끝나지 않았다. 프랑스 보르도의 주교인 클레멘스 5세(1305~1314)가 1305년에 열린 추기경회의에서 교황으로 선출되었다. 새로이 임명한 28명의 추기경 가운데 25명을 프랑스인으로 채운 그는 1309년에 교황청을 아비뇽으로 옮겨버렸다. 아비뇽은 엄밀히 말하자면 프랑스령은 아니었으나 프랑스 왕의 지배 영역에 속했고, 따라서 교황은 이제 프랑스 왕의 영향력 아래 있게 되었다. 역사는 신바빌로니아에 패한 이스라엘인들이 기원전 588년에 바빌론에서 포로 생활을 한 것(바빌론유수)에 비유해 그것을 '아비뇽유수(1309~1376)'라 부른다.

아비뇽교황시대(1309~1376년)의 교황청의 모습.

아비뇽의 프랑스 출신 교황들은 유럽의 가톨릭교도들에게 참을 수 없는 것이었고, 따라서 '소돔과 고모라'는 더는 용납하지 말아야 한다는 주장이 거세게 일어났다. 결국 그레고리우스 11세는 1377년에 로마로 복귀했다. 그리는 다음 해에는 이탈리아 출신의 우르바누스 6세(1378~1389)가 추기경 회의에서 교황으로 선출되었다.

그러나 로마로 복귀할 것을 달가워하지 않던 일부 추기경들은 우르바누스 6세가 교황으로 선출되자 행동으로 나섰다. 12명의 알프스 이북 출신 추기경과 2명의 이탈리아인 추기경이 아나니에서 회동하고 프랑스 출신의 클레멘스 7세(1378~1394)를 새 교황으로 선출했다. 물론 추방, 금령, 파문 등이 뒤를 잇는 가운데 클레멘스 7세와 그를 지지한 추기경들은 아비뇽으로 옮겨갔다. 그래서 로마교황과 아비뇽교황이 동시에 군림하는 이른바 '대분열 시대(1378~1417)'가 출현하게 되었다.

당연하지만 가톨릭교회는 지금까지 경험하지 못한 위기에

처했다. 성직자 사회는 두 교황 가운데 어느 한 편을 지지하는 적대적 집단으로 분열했다. 성직자들이 서로 상대방에게 퍼부은 욕설은 위클리프가 묘사한 대로 '악마들과 악마들의 앞잡이들'에게서나 들을 수 있는 욕설이었다. 물론 가톨릭교도들은 그 혐오스럽고 전율스런 사태를 비난했고, 비상사태를 치유하기 위한 방안들을 제시했다.

교황이 권위로서 말할 때에 실수할 수 없다고 한 그레고리우스 7세의 '무류설無謬說'은 더는 받아들여지지 않았다. 파리, 옥스퍼드, 프라하의 대학교수들은 교황이 실수할 경우 공의회가 교황을 심판할 수 있어야 한다고 주장했다.

1409년 봄에 파리에서 열린 종교회의는 결국 교황을 심판할 권리를 주장했고, 두 교황은 종교회의에 소환되었다. 종교회의는 출두를 거부한 두 교황을 제소하고 폐위를 선언한 다음, 그리스 출신의 알렉산데르 5세를 새 교황으로 선출했다. 두 교황이 종교회의의 결정에 따르기를 거부했으므로 3인의 교황이 군림하는 상태가 되었다. 알렉산더는 선임된 지 10개월만에 타계했고 존(요한) 23세가 뒤를 이었다.

드디어 대분열을 치유하고 교회를 개혁하기 위한 종교회의인 콘스탄스 종교회의가 열렸다(1414~1418). 하지만 새로운 종교회의를 거부한 존 23세 또한 사생활 문제-놀랍게도 그는 해적 출신이었다-로 동굴에 유폐되자, 이에 놀란 그레고리우스 12세는 1415년에 퇴위했다. 그래서 그는 대분열기의 마지막 로마교황이 되었다. 아비뇽 교황 베네딕트 13세는 끝까지 저항했지만 결국 1417년 6월에 폐위되고 마르티누스 5세가 교황으로 선출되었다.

그래서 대분열은 40여 년 만에 막을 내렸으나 교황을 비롯한 성직자의 권위는 더 할 수 없는 손상을 입었다. 내적 분열과 대립이 한 존재의 존망에 치명적인 악영향을 끼친다는 역사의 진리는 세속 세계만이 아니라 영적 세계에서도 같은 무게로 작용했다. 이후 교황청은 루터와 칼뱅의 '종교개혁'을 거쳐 점차 현재와 같은 권위로 전락했다.[19]

수도원과 그 영향

 중세 서양에서는 세속 교회 외에 '수도원'으로 불린 탈속脫俗 교회도 크게 융성했다. 쉽게 말하면 수도원은 도시 교외의 황무지에 터를 잡은 수사들의 고립적이고 자급자족적인 신앙 공동체였다. 서양의 수도원은 속세를 떠나 기도와 명상으로 생활한 시리아, 팔레스타인, 이집트 등지의 은자隱者들의 금욕주의적·신비주의적 신앙생활에 그 뿌리를 두었다.

 초기의 수도원 운동가들은 동방의 은자들처럼 명상과 기도에 전념하되, 사람들에게 혐오감을 주는 탁발 생활의 한계점을 극복하기 위해 4세기 중엽 나일강 계곡에 자급자족으로 공동 생활을 하는 수도원을 세웠다. 나일강 계곡에는 최초의 수도원으로 알려진 파코미우스와 안토니우스 수도원의 흔적이 아직도 남아 있다. 그리스 출신의 성바실도 4세기에 노동, 자선, 공동생활을 특징으로 하는 수도원을 세웠는데, 그의 계율은 나중에 비잔틴제국 수도원의 기본 계율로 발전했다.

베네딕투스수도원

뒤이어 서양에 소개된 수도원운동은 6, 7세기 이후부터 크게 융성하기 시작했다. 서양에서 수도원운동을 본궤도에 올려놓은 인물은 성베네딕투스(480~543?)였다. 그는 이탈리아의 수비아코에 12개의 수도원을 세웠지만 지역 성직자들이 질시하고 방해하자 그곳을 떠났다. 하지만 그는 520년경에 로마와 나폴리 사이의 몬테카시노에 새 수도원을 세워 크게 성공했고, 베네딕투스수도원은 이후 유럽 수도원의 모델이 되었다.

중용적이며 실제적 성격의 베네딕투스수도원은 수사들의 생활을 엄격히 규제했다. 사소한 것도 소유할 수 없던 수사들은 순종, 청빈, 순결 등을 이행하고, 공적 기도, 독서와 명상, 1일 6~7시간의 노동, 사회봉사 등을 규정한 '베네딕투스계율'을 준수하며, 정해진 일과에 따라 하루하루를 보내야 했다. 수사들이 선출하는 종신직 수도원장은 절대적 권리를 가졌으며 부원장, 집사(의식주 담당자), 수련수사 담당자 등을 임명했다.

베네틱투스계율 베네딕투스계율에 따르면 수도사가 되기 위해서는 2개월 동안 시험 기간을 거친 다음 다시 6개월 동안 수

행修行한 뒤 순종, 청빈, 순결 등을 서약하는 증서를 제출해야 했다. 수도원은 자급자족 공동체였으므로 수사들은 기도와 명상 외에 노동도 해야 했다. 물론 연령이나 체력에 따라 각기 적절한 일을 했지만 대체로 농사, 원예, 건축, 필사 등의 일을 했다. 흥미로운 것은 고전의 필사인데, 수도원은 신학을 위시한 학문과 교육의 중심지였으므로 고전 필사도 필요했다. 프랑크왕국의 풀다수도원의 경우 40여 명의 수사가 고전 필사를 맡았다. 그러므로 수도원은 기도와 노동을 적절히 조화시킨 이상적 신앙공동체였다고 해도 좋을 것이다.

수도원의 공동생활은 기도와 명상 혹은 노동뿐만 아니라 잠자리까지 규제했다. 잠자리에서도 서로 감화 받도록 배려한 수도원은 수도의 한 방법으로 연로한 수사와 젊은 수사가 같은 방에서 지내게 했다. 당시의 평신도들은 흔히 나체로 잠을 잔 데 반해 수사들은 대개 수도원의 엄격한 규정에 따라 옷을 완전히 입고 허리띠까지 맨 채 잠자리에 들어야 했다. 나중에 규율이 해이해지면서 수사들이 옷을 입지 않고 자는 것이 허용되었다.

대체로 중세 사람들은 남에게 알몸을 보이는 것을 그다지 수치스럽게 여기지 않았고, 특히 잠자리에서는 대개 옷을 입지 않은 것 같다. 여자들도 흔히 나체로 목욕을 하고 나체로 잠자리에 든 기사를 시중들었다. 짧은 바지만 걸친 남자가 벌거숭이 부인과 아이들을 데리고 골목을 가로질러 목욕탕으로 뛰어가는 모습은 자주 볼 수 있는 풍경이었다고 한다.

수도원 정화운동 베네딕투스수도원은 베네딕투스가 타계한 뒤 더욱 번성해서 1300년경에는 수천 개의 베네딕투스계 수도원이 등장했다. 베네딕투스계 수도원을 포함하는 중세 수도원은 수사들에게 기도와 명상 생활 말고도 청빈과 순결 등의 계율을 지키도록 했지만, 시간이 흐르고 규모가 커지면서 오류와 변화가 발생했다. 종교 조직을 포함해 모든 인간의 조직은 세월과 더불어 처음의 순수성을 잃고 점차 변질·부패해 가는 것이 일반적 현상이다.

신앙 강화 내지 정화 운동의 하나로 등장한 수도원 역시 세월에 따른 이완 현상에 굴복했다. 그래서 10세기에는 프랑스의 클뤼니수도원을 중심으로 그 자체가 개혁 조직인 수도원을 정화하려는 운동이 일어나기도 했다. 물론 정화운동의 중심 이념은 역시 초기 수도원의 정신으로 되돌아가는 것이었다. 12세기의 일이지만 클레르보의 성베르나르는 수도원운동의 금욕적 이상을 다시 주창했다.

오, 허영된 것의 허영됨이여, 아니 차라리 어리석음이여! 교회는 구석구석 번쩍이는데 가난한 자들은 굶주리도다! 교회의 담장은 금으로 뒤덮여 있는데 어린아이들은 벌거숭이로다. (중략) 가난한 수사들이여, 그대들이 정녕 가난하다면 내게 말해 보라. 그 신성한 곳에서 황금이 무엇을 해놓았느냐? 분명히 이르거니와, 모든 악을 저지르는 것은 바로 탐욕, 우상들의 노예인 그 탐욕이니라.

13세기의 교단운동 도미니쿠스회와 프란체스코회 수도원운동은 이후에도 꾸준히 지속되어 13세기에는 도미니쿠스회와 프란체스코회 등 이른바 수도회(敎團)가 등장한다. 기존 수도원의 지나친 세속화에 반발해 수도원 본래의 이상을 실천하려 한 두 교단의 탁발托鉢수사들은 세속 세계와 고립된 수도원에서의 자기 수행이나 수도원 자체의 개혁에 매진하는 것보다, 신흥 도시의 대중에게 기독교의 진리를 전하고 사랑을 펴는 것에 더 큰 가치를 부여했다. 이들은 유럽은 물론 지중해 세계 각지를 돌아다니면서 복음을 전했다.

도미니쿠스회와 프란체스코회는 설립 시기, 목적, 실제의 활동 등에서 큰 차이가 없었다. 두 교단 모두 기도와 명상, 선교, 학문, 긍휼의 덕 등을 중요시했다. 그러나 중부 이탈리아의 아시시 출신 성프란체스코가 1209년에 설립한 프란체스코회는 청빈과 긍휼의 덕을 더욱 중시한 데 반해, 1215년에 스페인의 성도미니쿠스가 설립한 도미니쿠스회는 정신적·지적 활동을 더 강조했다. 따라서 도미니쿠스회는 그때 막 개교하기 시작한 대학 주변에 많이 설립되었고, 로저 베이컨과 토마스 아퀴나스 같은 저명한 신학자를 여럿 배출했다.

수도원운동의 영향

중세의 수도원은 종교적으로는 물론 세속적으로도 적지 않게 공헌했다. 수도원은 전도 사업 외에도 성직자 교육, 교회의 개혁과 정화, 신학 연구 등에서 괄목할 만한 성과를 거두었다. 주목해야 할 것은 수도원이 주변의 세속 사회에 기여한 점이다. 수사들은 황무지와 삼림을 개간했으며, 농업과 축산 기술을 개선해 주변 농촌에 보급했다. 또한 수사들은 포도주 제조법과 직조술도 개발해 보급했다. 억압과 착취의 굴레에서 연명해 간 농노 사회에서 과연 농업 기술의 개발이나 혁신을 기대할 수 있었을까? 지식층인 데다 의식주 문제에 얽매이지 않는 수사들이야말로 당시에 무엇이든 개선하고 개발할 수 있는 거의 유일한 사람들이었다. 그들은 그밖에도 수도원 주변의 가난하고 병든 사람들을 돌보는 등 사회봉사 활동도 게을리 하지 않았다.

중세의 수도원은 유럽 각국의 학문과 문화에 크게 기여했지만, 특히 아일랜드는 수도원 중심의 문화라고 해도 지나치지 않을 것이다. 5세기경에 아일랜드에 수도원을 세운 인물은 성 패트릭(309?~461)이다. 아일랜드 전체를 교화한 그의 가르침은 바다 건너 스코틀랜드는 물론 프랑스와 독일 등 유럽대륙까지 전해졌다. 학문과 예술의 중심지 역할을 한 아일랜드의 수도원들은 고전을 필사하거나 보존했을 뿐만 아니라 선線을 서로 교차하는 새로운 양식의 기독교 미술을 발전시키기도 했다.

그러나 아일랜드에 침입한 데인족(노르만)은 수도원 중심으로 발전한 아일랜드의 문화를 파괴해 버렸다. 아일랜드에는 오늘날에도 밑이 넓고 상당히 높은 굴뚝같은 구조물들이 도시 교외에 드문드문 남아 있는데, 그것은 당시 아일랜드인들이 데인족의 살육과 약탈을 피할 도피처로 만든 것이다. 데인족의 살육과 약탈이 어느 정도였는지 짐작할 수 있을 것 같다.

기독교 세계의 분열과 동·서 교회의 대립

로마교회와 동방정교회

 서양의 근대가 분열 내지 분화의 시대였다면 중세는 기독교적 통일 시대였다. 잘 아는 것처럼 기독교 교리는 중세 서양인들의 보편적 세계관이었다. 물론 기독교의 가치만이 중세를 지배한 것은 아니었다. 중세 사람들도 먹고 마셨으며, 정신적 사랑만이 아닌 육체적 사랑도 했다. 그들도 희로애락의 감정을 가진 인간이었다. 그들은 내세를 동경했지만 현세를 무가치한 것으로 여겨 외면하지는 않았다.
 네덜란드가 낳은 위대한 역사가 호이징가가 말했듯이 신에게 영광을 돌리는 생활 안에서도 인생을 즐길 수 있는 길이

1천여 개나 있었다. 린 손다이크는 십자고상十字苦像(십자가에 못 박힌 예수의 수난을 그린 그림이나 형상)만이 아니라 곰이나 사자 혹은 달팽이, 파리, 잠자리, 방아깨비 등의 조각들도 중세교회를 장식한 사실을 지적한다.[20] 심지어 성모 마리아의 남편인 요셉을 '오쟁이 진 남자(아내를 외간남자에게 빼앗긴 남자)'라며 비웃기도 했다. 하지만 중세 사람들의 세계관을 형성한 것은 기독교였고, 기독교 교의는 중세 사람들의 보편적 가치관을 지배했다.

10년이면 강산도 변하듯, 그런 기독교도 세월과 함께 어쩔 수 없이 순수성을 잃어갔고 교회와 수도원 또한 세속화하거나 분열했다. 오늘날 기독교계에는 크게 3계통의 교회가 있다. 바로 로마교회의 전통을 이어온 것으로 자부하는 가톨릭교회, 11세기에 로마교회와 결별한 이후 동유럽과 러시아 등지를 중심으로 발전해 온 동방정교회, 그리고 루터와 칼뱅의 '종교개혁'으로 16세기에 가톨릭교회와 결별한 프로테스탄트교회(개신교) 등이다. 장로교·감리교·침례교·성결교·구세군·퀘이커 등은 모두 개신교 교파들이다. 여기서는 오랫동안 대립하고 충돌해온 로마교회와 비잔티움교회가 11세기 중엽에 이르러 결국 가톨릭교회와 동방정교회로 갈라서는 모습을 살펴보기로 한다.

로마교회와 비잔티움교회가 공식적으로 갈라선 것은 1054년의 일이다. 물론 기독교의 분열도 갑작스럽게 이루어진 일은 아니다. 로마제국 말기부터 경쟁 내지 대립 관계를 지속해

온 두 교회는 비잔틴제국이 약화되고 로마교회가 프랑크왕국과 가까워지면서 더욱 멀어져 갔다. 사실 각각 라틴과 그리스라는 이질적 세계에 자리 잡은 두 교회는 공식적 분열 이전부터 이미 라틴교회가 조직 면에서 두드러진 발전을 이룩한 반면, 그리스교회는 영적 측면에 더 치중하는 등 적지 않은 차이를 보여왔다.

'세월과 성장'에 따르는 '이완과 분열'은 거의 보편적 현상이지만 여호와를 유일신으로 예배하면서 운명의 연대성을 자랑한 기독교교회가 둘로 분열해 대립하게 된 데에는 그럴 만한 중대한 원인이 작용했을 것이다. 두 교회로 나누어지게 된 원인은 무엇일까?

신학적 원인

로마교회와 비잔티움교회가 대립을 넘어 결별로 치달은 신학상의 원인은 주로 필리오케논쟁과 성상파괴운동이다.

필리오케논쟁 비잔티움교회의 신조는 "성신은 성부에게서 나온다"는 것이었는데, 로마교회는 거기에 '그리고 성자에게서'를 의미하는 '필리오케filioque'를 덧붙였다. 말하자면 로마교회의 신조는 "성신은 성부와 성자에게서 나온다"는 것이었다. 교황청은 6세기부터 서구의 교회에서 사용해 온 필리오케를 11세기에 공식적으로 수용했다. 그리스어와 라틴어의 차이에서 온 것이었다고 하지만, 그것은 두 교회의 예배 방식 등에 상당한 차이를 초래했다.

로마교회와 비잔티움교회가 860년대에 불가리아교회의 귀속 문제로 대립하던 때에 이미 발생한 필리오케 문제가 1054년에 다시 논쟁 대상이 되었다. 그 이유는 11세기에 남이탈리아를 차지한 노르만족이 남이탈리아의 교회를 교황청에 귀속시키자 그 손실을 애통해하던 비잔티움교회의 총대주교가 보복하는 차원에서 필리오케 문제를 제기했기 때문이다. 교황청은 문제 해결을 위해 추기경 훔베르트를 비잔티움에 파견했다. 그러나 두 교회의 만남은 서로 상대 교회를 파문하는 것으로 끝났다(1054).

성상파괴운동 로마교회와 비잔틴교회는 '성상聖像 사용' 문제를 놓고도 대립했다. 그것은 8세기에 비잔틴제국의 일부 황제들이 십자고상 등 예배에서 사용해온 '성상'을 금지한 반면, 교황청은 성상의 사용을 주장하면서 생긴 문제였다. 로마교회와는 달리 황제가 교회의 수장인 황제교황주의체제 — 유스티니니아누스대제 때 이루어진 제도다 — 로 발전한 비잔틴제국에서는 황제와 교회가 대립하는 경우가 잦았는데, 황제는 성직자를 견제하고 교회에 대한 간섭의 기회로 삼기 위해 성상 사용을 금지하는 이른바 성상파괴(Iconoclast)운동을 일으켰다.

심각한 저항에도 비잔틴의 레오 3세(717~741)는 725년에 성상숭배금지령을 내린다. 그에게는 교회나 수도원이 성상사용금지에 반발할 경우, 그것을 구실로 그들 소유의 땅을 몰수해서 국가재정을 확충하려는 의도가 있었다. 서유럽의 경우에도 교회는 광대한 토지를 소유한 것에 더해 면세와 면역의 특권을 누렸기 때문에 국가재정에 악영향을 끼쳤다. 그리고 카놋사 사건에서 볼 수 있듯이 때로는 군주에게 도전했지만, 비잔틴제국에서도 교회나 수도원은 면세 특권을 누리면서 많은 토지를 소유하고 있었다.

레오 3세의 성상숭배금지에는 교회와 성직자를 견제하고 황제숭배를 강화하려는 의도 외에도 이슬람제국과 벌이는 사상전에서 우위에 서려는 의도도 작용했다. 비잔틴제국을 군사적으로 괴롭혀온 이슬람제국은 성상사용을 들어 기독교를 우상숭배종교라고 비난한 것이다. 이뿐만 아니라 718년에 비잔티움을 겨냥하고 침공해온 이슬람 해군을 격퇴시킨 전투에서 레오 3세를 도운 소아시아 지역의 농민도 성상숭배를 우상숭배로 여겨 반대했다. 물론 교황청은 비잔티움교회의 성직자들과 함께 성상사용금지에 강경하게 맞섰다. 로마교회에서는 성상사용이 오래된 관행이었을 뿐 아니라 교리적으로도 성아우구스티누스 이래 '성상에는 숭배를, 신에게는 예배를' 해야 하는 것으로 해왔다.

레오 3세의 조처에 저항한 교황청 인사들은 그리스도를 형상으로 묘사할 수 없다는 주장은 그리스도가 인간의 몸으로 강림했다는 것을 의문시하는 불경스런 생각이라고 여겼다. 그들은 성상파괴를 지상의 모든 물질은 본질적으로 사악하다는 동방적 사고방식 — 성아우구스티누스가 이미 옳지 않은 사상으로 규정했다 — 으로 되돌아가는 것이라고 믿었다. 따라서 그들에게는 성상사용금지는 곧 교리에 큰 혼란을 초래하는 일이었다. 사실 성상은 교회의 재정적 수입에는 물론 전도에도 적지 않은 도움을 주었다. 특히 야만적 이교도인 게 의문을 기독교도로 개종시킬 때에 형상물인 성상은 큰 도움을 주었다. 보통의 인간은 보이지 않는 것보다 보이는 것에 일차적 신뢰감을 갖게 되는 것 아닌가.

787년에 해제되었으나 그 이후에도 간헐적으로 발령된 성상 파괴령은 로마와 비잔티움 사이를 결정적으로 갈라놓았다. 그때까지만 해도 교황은 잦은 교리 분쟁에도 황제를 군주로 인정하고 예의로 대했다. 그러나 성상파괴운동은 교황과 황제의 관계를 적대 관계로 만들어버렸다. 교황 그레고리우스 2세(715~731)는 우상파괴령에 불복하면서 도전적이고 거친 어투로 레오 3세를 비난하는 서한을 보내기도 했다. 교황은 서방 세계 전체는 베드로의 후계자들에게 충성을 바치고 있으며, 황제가 로마에 있는 베드로의 상像을 없애려 할 경우 서방 야만족들에게 도움을 요청하겠다고 위협했다. 그 서한의 한 구절을 아래에 소개한다.

> 당신의 말에 따르면, 우리는 돌과 벽과 널빤지에 엎드려 절한다고 합니다. 오 황제여, 그건 전혀 그렇지 않습니다. 우리는 거기서 신의 음성과 정신적 영감을 구하는 것입니다.

그것들은 우리의 우둔한 영혼을 천국으로 끌어 올려주는 것이므로, 이것이야말로 그것들이 지닌 명칭과 제목과 드러난 특징의 존재 이유인 것입니다. (중략) 그것이 주님의 상이라면 우리는 "독생자 예수 그리스도여, 우리를 구원하소서"라고 말합니다. 또 그것이 성모상이라면 우리는 "신을 잉태한 당신, 성모여, 우리의 영혼을 위해 우리의 진정한 신인 당신의 아들 곁에 계시옵소서"라고 말합니다.

교황의 도전적인 서한에 격분한 레오 3세는 제국의 라벤나 총독에게 로마로 쳐들어가 그를 체포하라고 명했다. 그러나 총독의 군대는 롬바르디아군의 공격을 받고 패주했으며, 로마에 있던 황제의 군대는 오히려 교황에게 충성했다. 그러자 황제는 제국령에 속했던 남이탈리아의 거대한 교황령을 몰수하고, 남이탈리아와 일리리쿰교구 등에 대한 종교재판권을 교황에게서 빼앗아 비잔티움 총대주교에 넘겼다. 그로 인해 교황청은 넓은 영지와 다수의 교회를 잃어 경제적으로만 따져도 적지 않은 손실을 입었다.

그레고리우스 2세 이후에도 교황청의 성상파괴에 대한 저항은 계속되었다. 그를 이은 시리아 출신의 그레고리우스 3세 역시 성상숭배 금지 조치에 저항하면서 성상파괴자를 파문에 처했다. 레오 3세는 계속되는 교회와 수도원의 저항을 무시하고 성상사용금령을 내리는 한편 이미 가톨릭교로 개종했으나, 교황청과는 여전히 사이가 좋지 않은 롬바르디아족을 부추겨 교황을 압박하려 했다.

당시 롬바르디아족은 북이탈리아에 왕국을 세웠고, 그 일부는 더 남쪽으로 내려가 두 개의 공국을 세웠다. 그들은 아리우스파 기독교에서 점차 정통 가톨릭교로 개종했으며 교황청과도 대체로 우호적인 관계를 맺어가고 있었다. 그러나 레오 3세가 성상파괴를 강행할 즈음인 8세기 초에 이르러 롬바르디아의 호전적인 왕 리우트프란드(712~744)는 세력권을 넓히면서 이탈리아 전역을 장악하려 했다. 그는 롬바르디아의 두 공국을 병합한 다음 이탈리아반도에 있던 비잔틴제국 영토를 빼앗기 위해 공격했다. 나아가 그는 성베드로의 교구(로마)를 파괴하려 하지는 않았지만 자기 왕국의 중심 교구로 삼으려 했다.

물론 교황은 로마와 그 주변 지역에 대한 지배권을 포기하고 롬바르디아왕국의 영향권 안에 있는 존재가 될 마음은 추호도 없었다. 따라서 교황청은 로마를 보호해 줄 군사력을 찾아야 했다. 그때 그레고리우스 3세는 비잔틴제국과 완전히 결별하기로 하고 739년에 프랑크왕국의 카롤루스 마르텔에게 도움을 청했다. 그것은 '로마-비잔티움' 관계 대신 '로마-파리' 관계를 구축하는 일이었다. 마르텔은 732년의 뚜르전투에서 롬바르디아의 후원을 받은 사정도 있어서 이에 응하지 않았으나, 앞에서 보았듯이 그의 아들 피핀과 손자 카롤루스대제는 교황을 돕기 위해 이탈리아원정을 단행했다. 이로 인해 로마와 비잔티움의 관계는 더욱 멀어졌다.

비신학적 원인

역사가들은 신학적 원인보다 비신학적 원인에 더 주목하지만, 비신학적 원인으로 흔히 지적되는 것은 기독교 세계의 헤게모니다툼과 라틴 세계와 그리스 세계의 이질성이다.

기독교 세계의 주도권 다툼 아마도 교회를 분열시킨 가장 중요한 원인은 기독교 세계의 주도권 다툼이었을 것이다. 로마제국이 분열된 이후 서로마제국이 멸망할 때까지 동·서 로마제국이 서로 주도권을 다투었듯이, 로마와 비잔티움 교회 또한 기독교계의 주도권을 놓고 겨루어 왔다. 서로마제국이 역사의 무대에서 사라짐으로써 정치적 대립은 적어도 외적으로는 일단락되었으나, 두 교회의 주도권 투쟁은 오히려 격화되어 갔다. 더욱이 그때 두 교회는 남이탈리아와 시칠리아 교회의 관할권을 놓고 대립했다. 앞에서 지적했듯이 유스티니아누스대제 이래 비잔티움교회가 관할해온 남이탈리아 교회들이 11세기에 로마교회 아래로 들어감으로써 두 교회의 대립이 격화되었다.

860년대에도 불가리아교회 귀속 문제로 두 교회가 다투었다. 당시 불가리아 왕 보리스는 두 교회 사이에서 어정쩡한 태도를 취하다 교황청이 불가리아의 독립 교구를 인정하지 않자 동방교회 아래로 들어갔다(870). 교황은 발칸반도 교회의 관할권을 돌려주지 않는 비잔티움 총대주교를 파문했다. 로마제국

분열 이후의 두 교회는 그처럼 경쟁과 대립의 관계에 있었고, 그런 상태가 결국 완전한 결별로 이어졌다고 해도 지나치지 않을 것이다.

교황청이 8세기 이후 프랑크왕국과 제휴한 것도 기독교 세계 결속에 악영향을 끼쳤다. 앞에서도 말했지만 가톨릭교로 개종한 이후에도 롬바르디아족은 로마를 위협했고—리우트프란드에 이어 아이스툴프도 752년에 라벤나를 함락하고 로마시를 위협했다—교황청은 프랑크왕국의 피핀과 카롤루스의 원조로 위기를 넘겼을 뿐만 아니라 피핀의 기진으로 교황령을 갖게 되었다.

당시 교황 자카리우스(741~752)는 프랑크왕국에 원조를 구하기 앞서 비잔틴제국의 콘스탄티누스 5세(741~775)에게 원조를 요청했다. 자카리우스는 전임 그레고리우스 3세가 프랑크왕국의 마르텔에 원조를 요청한(739) 이래 서로 관계가 단절되었고, 또 자신이 교황으로 즉위할 때에도 비잔틴 황제에게 승인을 요청하지도 않았으므로 내키지 않았으나 사정이 긴박해서 콘스탄티누스 5세에게 원조를 요청한 것이다. 하지만 원조를 요청받은 콘스탄티누스 5세가 한 일이라곤 롬바르디아의 아이스툴프에게 편지를 보낸 것뿐이었다.

시간이 흐를수록 교황과 황제 사이의 불신과 적대는 더욱 깊어져 갔다. 새 교황 스테파누스 2세(752~757)는 교황청을 구하려는 일념에서 롬바르디아의 수도 파비아로 갔다. 그는 굴욕을 참고 아이스툴프에게 침략 중지를 간청했으나 허사였다.

이제 교황이 기대할 수 있는 나라는 프랑크왕국뿐이었다. 교황은 754년 1월에 알프스를 너머 난쟁이 왕 피핀을 찾아갔다. 그리고 피핀은 군대를 거느리고 알프스를 넘었다. 그레고리우스 3세가 기도했으나 이루지 못한 '교황청-프랑크왕국' 축이 이루어진 것이다. 비잔틴제국이 적절한 원조를 제공할 수 없었으므로 결국 프랑크왕국의 원조를 받게 되었지만, 그로 인해 로마-비잔티움의 관계는 한결 더 멀어졌다.

두 세계의 이질성 인종·문화적 이질성도 교회의 분열에 한 몫을 했다. 사실 로마교회의 라틴 세계와 비잔티움교회의 그리스 세계는 오랫동안 로마제국이라는 한 지붕 아래서 살아왔지만, 인종적으로는 물론 문화적으로도 상당히 다른 세계였다. 그러므로 로마제국의 분열은 단순한 정치적 분열을 넘어 동방과 서방이 원래의 이질적 세계로 되돌아가는 것이기도 했다. 로마제국 아래서도 그리스적 요소를 보전하고 발전시켜온 동방은 로마제국의 분열 이후에는 더욱 그리스화해 갔다.

더욱이 로마인과 그리스인 사이의 증오감은 해묵은 것이었다. 문화의 차이는 물론 정치의 대립 등에서 비롯한 것이지만, 그리스인들은 라틴인들을 야만인이라 경멸하고 라틴인들은 그리스인들을 나약하고 교활하며, 반역적이고 믿을 수 없는 사람들이라고 비난했다.

10세기에 오토 1세의 사절로 비잔티움에 간 크레모나의 주교 리우드프란트는 숙소의 벽에 다음과 같은 낙서를 남겼다.

"그리스인들을 믿지 말라. 오직 배반하기 위해 사는 족속이니 무슨 말을 하든지 그들의 약속에 유의하지 말라. 거짓말이 그들에게 유익할 경우 어떤 서약인들 맹세하는 인종이니, 서약을 어기고도 까딱도 하지 않는다." 리우드프란트에 따르면 그리스인들은 게르만족이 황제 칭호를 쓰는 것에 대해 매우 못마땅해 했다. "만인의 황제라고 부를 수 있는 이는 유일하게 오직 위대하고 존엄하신 '그리스인의 황제' 니케포로스(1세)뿐이신데, 가난한 야만인 꼴에 '로마인의 황제라니!' 오 하늘이여! 오 땅이여!" 그가 전하는 그리스인의 분노다.

비잔틴의 알렉시오스 1세의 공주 안나 콤네나는 십자군의 지휘자 보에몽을 "본래 악당이어서 무슨 예측 못한 일이 일어나도 개의치 않는" 사악한 인물로 묘사했다. 12세기 말경에 한 그리스인 역사가는 "우리와 라틴인 사이에 한없이 깊은 적의가 가로놓여 있다. 우리는 (중략) 상대에 대해 전적으로 동의할 수 없다"고 썼으며, 또 다른 그리스인 작가는 "라틴인들은 이 세계가 그리스인들과 그들 자신 양쪽을 모두 수용할 수 있을 만큼 그렇게 넓은 것이 아니라고 생각한다"고 썼다.[21] 아마도 다른 어떤 요소보다 두 세계의 이질성과 두 인종 사이의 불신과 증오심이 기독교 분열에 가장 큰 영향을 끼쳤을 것이다.

가톨릭 교회와 동방정교회의 대립

1054년에 결별한 뒤 두 교회는 다시 화해하지 못하고 완전히 갈라섰다. 두 교회는 20세기에 이르기까지 자리를 같이하지 않았음은 물론 서로 상대 교회를 이단이라 비난했다. 같은 뿌리의 두 적대 세력의 대립은 다른 뿌리 사이의 대립보다 더 극심한 것이 상례지만, 기독교 세계도 그 상례에서 벗어나지 못했다. 후일 개신교회와 가톨릭교회가 서로 사탄이라고 비난했지만, 로마교회와 비잔티움교회도 서로 사탄으로 규정했다. 그래서 기독교 세계에는 하나의 사탄(이교도) 대신 두 개의 사탄, 즉 이교도와 동방정교회라는 사탄 혹은 이교도와 로마교회라는 사탄이 존재하게 되었다.

동방정교회

로마교회와 결별한 이후 동유럽을 중심으로 발전해온 동방정교회(가톨릭정통교회)는 교의, 예배의식, 조직 등에서 점차 독자성을 강화해 갔다. 동방정교회는 특히 신자들이 모여 예배하는 곳에 진실로 교회가 존재한다는 점을 강조했다. 물론 비잔티움교회는 사도전승설에 입각한 로마교회의 우위론을 인정하지 않고, 교회의 중요성은 교회의 현실적 크기와 정치적 의의에 좌우될 뿐이라고 주장했다. 황제가 수장인 동방정교회는 로마교회와 달리 독립적 주교들로 구성된 교회협의체 중심으로 운영하고 있다. 그러므로 비잔티움 총대주교의 우위는 칭호와 명예로 그칠 뿐, 독립적 주교협의체가 동방정교회 최고의 기구다.

비잔티움교회의 최대의 역사적 공헌은 10세기 말에 슬라브족을 개종시킨 것이다. 이미 9세기 중엽에 불가리아인을 개종시키는 데 성공한 비잔티움교회는 980년경에 슬라브족을 개종시키는 데도 성공했다. 그때 슬라브족은 비잔틴의 황제교황주의는 물론 교회 건축양식·역법·문학·전제정치 등 비잔틴 문화도 함께 수입했다. 말할 필요도 없지만, 종교는 교리나 예배의식뿐만 아니라 각종 문화도 전파한다. 더욱이 동방정교회는 처음부터 모국어 성서와 전례를 허용했으므로 슬라브족의 토착 문화와 쉽게 융합했다. 반면 라틴어 성서와 전례를 강요한 로마교회는 개종한 민족이 자신들의 언어로 성서를 번역하고 예배하는 것을 금지했다.

물론 서구 중심으로 볼 경우 동방정교회가 러시아의 기독교도들에게 그리스어 전례와 성서를 강요하지 않은 것, 나아가 러시아가 가톨릭교가 아닌 동방정교로 개종한 것은 러시아의 서구화에 악영향을 끼치기도 했을 것이다. 그러나 러시아어 성서와 전례를 허용한 것은 러시아에 적어도 독자적 문화 창조의 길을 열어준 것이었다.

로마교회와는 달리 그리스교회는 황제교황주의체제였다. 따라서 동방정교회에서는 비잔틴제국의 황제가 최고의 수장이고 그 아래에 총대주교가 있었다. 비잔틴제국이 1453년에 오스만제국에 패해 역사무대에서 사라진 이후에는 러시아황제가 그리스정교회의 수장 자리를 차지했다. 1721년에는 총주교제 대신 종무청을 설립해서 정교일치를 더욱 강화했다. 그러나 1917년의 볼셰비키혁명 뒤, 소련의 반反종교 정책 아래서 동방정교회의 교세는 크게 위축되었고 황제교황주의체제 또한 무너졌다. 하지만 소련의 공산주의체제도 신도들의 신앙심은 물론 종교적 전통을 완전히 파괴하지는 못했다.

그리스, 동유럽, 러시아를 주된 터전으로 하는 동방정교회는 오늘날 명예 총대주교가 관할하는 비잔티움교회를 비롯해 다수의 자주적 교회가 각각 독립적으로 활동하고 있다.

기독교 세계의 화해를 위한 노력

중세 기독교의 역사는 아니지만 끝으로 화해를 위한 기독교계의 노력을 살펴보자. 로마교회와 콘스탄티노플교회는 분열 이후 20세기에 이르기까지 격렬하게 적대해왔다. 물론 화해를 위한 노력이 전혀 없지는 않았다. 하지만 1439년에 피렌체에서 열린 종교회의에서 두 교회의 일치성을 회복하기 위한 노력이 실패한 이후 19세기까지 적어도 화해를 위한 공식적인 노력은 없었다. 그러나 19세기 이후 영국의 성공회와 동방정교회 사이에 이해를 증진하려는 시도가 있었다. 두 교회의 교리 문제로 만족스런 결과를 얻지는 못했지만 말이다. 그리고 1960년대에 들어와 로마교회와 콘스탄티노플교회는 드디어 적대 관계를 청산하고 서로 이해를 증진하기 위해 움직이기 시작했다.

20세기 말에 이르러 로마교황청은 기독교계의 화해를 시도하는가 하면 종교계 전체의 대화운동을 전개했다. 특히 동방정교회의 총대주교 아테나고라스와 여러 차례 회동한 교황 바오로 6세(1963~1978)는 1962년 10월에 개최된 '바티칸공의회' — 공의회를 소집한 교황은 요한 23세였으나 1963년에 타계했으므로 그를 이은 바오로 6세가 공의회를 주재했다— 에서 종파와 종교 사이의 화해를 시도했다.

온화하되 강력한 추진력을 자랑한 바오로 6세는 그때까지 서로 적대해온 유대교, 동방정교, 개신교 등과 대화하려 했으며 라틴어 예배의식의 강요를 포기하고 모국어 미사를 허용하는 공의회의 결의를 이끌어냈다. 그처럼 1965년 12월에 폐막된 바티칸공의회는 기독교 지도자들로 하여금 종파 사이의 해묵은 반목과 대립을 지양하고 평화와 공존을 모색하도록 고무했던 것이다.

갈등을 해소하고 화해를 도모하려는 기독교계의 노력은 20세기가 저물어가던 1999년에 이르러 괄목할 만한 진전을 이루었다. 1999년 10월 25~28일에 '새 3천 년대의 전야에 종교간의 협력'이라는 주제로 바티칸의 성베드로성당에서 세계종교지도자회의가 열렸고, 그 회의에 참석한 기독교(가톨릭교와 개신교)·불교·이슬람교·힌두교의 성직자들은 세계화와 빈부격차 해소에 종교가 앞장서야 한다는데 의견을 같이했다. 그리고 불과 3일 뒤인 31일에는 가톨릭교와 개신교가 500백여 년에 가까운 반목과 갈등을 종식하고 화해와 협력의 새 시대를 열기로 합의했다.

또한 가톨릭교회는 그보다 7개월 전에 동방정교회와 화해도 시도했다. 즉 1999년 3월에 루마니아의 동방정교회는 교황 요한 바오로 2세(1978~2005)의 방문 요청을 받아들였고, 교황은 루마니아교회의 대주교와 함께 미사를 집전했다. 분열 이후 두 교회가 엮어온 대립의 역사를 고려할 때 그것은 참으로 중대한 사건이 아닐 수 없다. 오스만제국의 전면 공격으로 비잔틴제국의 운명이 경각에 달려 있을 때, 교황이 로마교회와 콘스탄티노플교회를 통합하는 조건으로 대對오스만제국 십자군을 일으킬 것에 동의했지만, 비잔틴제국의 콘스탄티누스 11세는 터번을 쓴 무슬림들에게 굴복할망정 로마교회와 통합하지 않겠다고 하지 않았던가.

요한 바오로 2세는 거기서 그치지 않고 1999년 5월 불탄일 佛誕日 즈음 전 세계의 불교신도들에게 축하 메시지를 보내기도 했다. 이뿐만 아니라 요한 바오로 2세는 새 천년 벽두에 세상 사람들에게 가톨릭교회가 지난 2천년 동안 저지른 잘못을 솔직히 고백하고 용서를 빌었다. 그가 용서를 구한 가톨릭교의 죄악은 다른 종교의 박해, 유대인 박해, 기독교의 분열, 여성 억압, 인종 차별 등이다. "진리를 구한다는 구실로 치른 폭력과 다른 종교를 따르는 사람들에게 보인 불신과 적의敵意에 대해 용서를 구한다." 교황 요한 바오로 2세가 신과 인간에게 용서를 구한 기도의 한 구절이다.

주

1) N. F. Cantor, S. Berner(eds.), 『Ancient and Medieval Europe To 1500』, New York, 1970, pp.142-47.
2) 「마태복음」「마가복음」「누가복음」은 모두 그리스도의 생애와 가르침을 내용으로 하며, 서술 방법도 같아 공관共觀 복음서라고 부른다.
3) N. F. Cantor, S. Berner(eds.), 『Ancient and Medieval Europe To 1500』, New York, 1970, pp.137-43, p.150.
4) 위의 책, pp.130-56.
5) 위의 책, p.160.
6) 지하 무덤 카타쿰베Catacumbae는 로마시에서 3마일 가량 떨어진 아피안가街에 있다. 박해를 피해 모여든 가독교도들이 겨우 연명하면서 신앙생활을 이어간 그곳에 베드로와 바울이 묻혀 있는 것으로 알려져 있다.
7) Tacitus. 『The Annals, in Masterworks of History(I)』, ed. by Joseph-Reither, New York, 1973, p.242.
8) C. Brinton, J. B. Christopher, R. E. Wolff, 『A History of Civilization』. 梁秉祐 外(共譯), 『世界文化史(上)』, 乙酉文化社, 1967, pp.220-21.
9) K. M. Setton and H. Winkler(eds.), 『Great Problems in European Civilization』. 池東植, 李光周 外(共譯), 『西洋文明의 諸問題(上)』, 法文社, 1978, pp.107-12.
10) 이집트-그리스의 한 신인 사라피스Sarapis도 원래는 이시스처럼 '사자死者의 주主'였다.
11) 최혜영, "율리아누스 황제의 異敎主義," 大丘史學, 41집, 1991, pp.204-205.
12) 김진경 외, 『서양고대사강의』, 한울아카데미, 1996, p.345.
13) 가톨릭이란 낱말은 2세기 초에 안티오키아의 주교 이그나티우스Ignatius가 사용했으나 세계적 교회 조직이란 의미가 아니라 '정통파 교회'란 의미로 썼다고 한다.
14) 池東植 外(共譯), 『西洋文明의 諸問題(上)』, 法文社, 1978,

pp.132-133.
15) 그때 카롤루스는 롬바르디아 철관鐵冠을 손에 넣었다. 현재 몬차대성당에 있는 그 철관은 원래는 팔찌였다. 보석으로 장식한 6쪽의 금관이 쇠로 연결되어 있는 아름다운 관이다.
16) Bede, 『Ecclesiastical History of the English Nation, in Masterwork of History(II)』, pp.14-18.
17) N. F. Cantor, S. Berner(eds.), 『Ancient and Medieval Europe To 1500』, New York, 1970, pp.329-332.
18) 「The Cambridge Medieval History」, vol. VI, p.628.
19) N. F. Cantor, S. Berner(eds.), 『Early Modern Europe』, New York, 1970. 진원숙 역, 『서양근대사 1500~1815』, 혜안, 2000, pp.125-129.
20) Johan Huizinga, 『Men and Ideas: History, The Middle Ages, The Renaissance』, London, 1960, p.282. Lynn Thorndike, "Renaissance of Prenaissance?", Journal of the History of Ideas, vol. IV. 1943, p.69.
21) 池東植 外(共譯), 『西洋文明의 諸問題(上)』, 法文社, 1978, pp.143-146, 169-171. 梁秉祐 外(共譯), 『世界文化史(上)』, 乙酉文化社, 1967, pp.351-352.

초기 기독교 이야기

펴낸날	**초판 1쇄 2007년 3월 30일** **초판 4쇄 2014년 12월 10일**
지은이	**진원숙**
펴낸이	**심만수**
펴낸곳	**(주)살림출판사**
출판등록	**1989년 11월 1일 제9-210호**
주소	**경기도 파주시 광인사길 30**
전화	**031-955-1350** 팩스 **031-624-1356**
기획·편집	**031-955-4671**
홈페이지	**http://www.sallimbooks.com**
이메일	**book@sallimbooks.com**
ISBN	**978-89-522-0625-1** 04080

※ 값은 뒤표지에 있습니다.
※ 잘못 만들어진 책은 구입하신 서점에서 바꾸어 드립니다.

함께 읽으면 좋은 책

역사·문명

085 책과 세계

강유원(철학자)

책이라는 텍스트는 본래 세계라는 맥락에서 생겨났다. 인류가 남긴 고전의 중요성은 바로 우리가 가 볼 수 없는 세계를 글자라는 매개를 통해서 우리에게 생생하게 전해 주는 것이다. 이 책은 역사라는 시간과 지상이라고 하는 공간 속에 나타났던 텍스트를 통해 고전에 담겨진 사회와 사상을 드러내려 한다.

056 중국의 고구려사 왜곡 `eBook`

최광식(고려대 한국사학과 교수)

중국의 고구려사 왜곡의 숨은 의도와 논리, 그리고 우리의 대응 방안을 다뤘다. 저자는 동북공정이 국가 차원에서 진행되는 정치적 프로젝트임을 치밀하게 증언한다. 경제적 목적과 영토 확장의 이해관계 등이 복잡하게 얽혀 있는 동북공정의 진정한 배경에 대한 설명, 고구려의 역사적 정체성에 대한 문제, 고구려사 왜곡에 대한 우리의 대처방법 등이 소개된다.

291 프랑스 혁명 `eBook`

서정복(충남대 사학과 교수)

프랑스 혁명은 시민혁명의 모델이자 근대 시민국가 탄생의 상징이지만, 그 실상을 아는 사람은 많지 않다. 프랑스 혁명이 바스티유 습격 이전에 이미 시작되었으며, 자유와 평등 그리고 공화정의 꽃을 피기 위해 너무 많은 피를 흘렸고, 혁명의 과정에서 해방과 공포가 엇갈리고 있었다는 등의 이야기를 통해 프랑스 혁명의 실상을 소개한다.

139 신용하 교수의 독도 이야기 `eBook`

신용하(백범학술원 원장)

사학계의 원로이자 독도 관련 연구의 대가인 신용하 교수가 일본의 독도 영토 편입문제를 걱정하며 일반 독자가 읽기 쉽게 쓴 책. 저자는 역사적으로나 국제법상으로 실효적 점유상으로나, 어느 측면에서 보아도 독도는 명백하게 우리 땅이라고 주장하며 여러 가지 역사적인 자료를 제시한다.

역사·문명

144 페르시아 문화

eBook

신규섭(한국외대 연구교수)

인류 최초 문명의 뿌리에서 뻗어 나와 아랍을 넘어 중국, 인도와 파키스탄, 심지어 그리스에까지 흔적을 남긴 페르시아 문화에 대한 개론서. 이 책은 오랫동안 베일에 가려 있던 페르시아 문명을 소개하여 이슬람에 대한 편견과 오해를 바로 잡는다. 이태백이 이란계였다는 사실, 돈황과 서역, 이란의 현대 문화 등이 서술된다.

086 유럽왕실의 탄생

김현수(단국대 역사학과 교수)

인류에게 '예술과 문명' 그리고 '근대와 국가'라는 개념을 선사한 유럽왕실. 유럽왕실의 탄생배경과 그 정체성은 무엇인가? 이 책은 게르만의 한 종족인 프랑크족과 메로빙거 왕조, 프랑스의 카페 왕조, 독일의 작센 왕조, 잉글랜드의 웨섹스 왕조 등 수많은 왕조의 출현과 쇠퇴를 통해 유럽 역사의 변천을 소개한다.

016 이슬람 문화

이희수(한양대 문화인류학과 교수)

이슬람교와 무슬림의 삶, 테러와 팔레스타인 문제 등 이슬람 문화 전반을 다룬 책. 저자는 그들의 멋과 가치관을 흥미롭게 설명하면서 한편으로 오해와 편견에 사로잡혀 있던 시각의 일대 전환을 요구한다. 이슬람교와 기독교의 관계, 무슬림의 삶과 낭만, 이슬람 원리주의와 지하드의 실상, 팔레스타인 분할 과정 등의 내용이 소개된다.

100 여행 이야기

eBook

이진홍(한국외대 강사)

이 책은 여행의 본질 위를 '길거리의 철학자'처럼 편안하게 소요한다. 먼저 여행의 역사를 더듬어 봄으로써 여행이 어떻게 인류 역사의 형성과 같이해 왔는지를 생각하고, 다음으로 여행의 사회학적·심리학적 의미를 추적함으로써 여행에 어떤 의미를 부여할 것인가에 대해 말한다. 또한 우리의 내면과 여행의 관계 정의를 시도한다.

역사·문명

293 문화대혁명 중국 현대사의 트라우마

eBook

백승욱(중앙대 사회학과 교수)

중국의 문화대혁명은 한두 줄의 정부 공식 입장을 통해 정리될 수 없는 중대한 사건이다. 20세기 중국의 모든 모순은 사실 문화대혁명 시기에 집약되어 있다고 해도 과언이 아니다. 사회주의 시기의 국가·당·대중의 모순이라는 문제의 복판에서 문화대혁명을 다시 읽을 필요가 있는 지금, 이 책은 문화대혁명에 대한 안내자가 될 것이다.

174 정치의 원형을 찾아서

eBook

최자영(부산외국어대학교 HK교수)

인류가 걸어온 모든 정치체제들을 매우 짧은 기간 동안 시험하고 정비한 나라, 그리스. 이 책은 과두정, 민주정, 참주정 등 고대 그리스의 정치사를 추적하고, 정치가들의 파란만장한 일화 등을 소개하고 있다. 특히 이 책의 저자는 아테네인들이 추구했던 정치방법이 오늘 우리 사회가 당면한 문제를 해결할 수 있는 지혜의 발견에 도움을 줄 수 있을 것이라고 말한다.

420 위대한 도서관 건축순례

eBook

최정태(부산대학교 명예교수)

이 책은 도서관의 건축을 중심으로 다룬 일종의 기행문이다. 고대 도서관에서부터 21세기에 완공된 최첨단 도서관까지, 필자는 가능한 많은 도서관을 직접 찾아보려고 애썼다. 미처 방문하지 못한 도서관에 대해서는 문헌과 그림 등 가능한 많은 정보를 수집하려 노력했다. 필자의 단상들을 함께 읽는 동안 우리 사회에서 도서관이 차지하는 의미에 대해 다시 생각하게 된다.

421 아름다운 도서관 오디세이

eBook

최정태(부산대학교 명예교수)

이 책은 문헌정보학과에서 자료 조직을 공부하고 평생을 도서관에 몸담았던 한 도서관 애찬가의 고백이다. 필자는 퇴임 후 지금까지 도서관을 돌아다니면서 직접 보고 배운 것이 40여 년 동안 강단과 현장에서 보고 얻은 이야기보다 훨씬 많았다고 말한다. '세계 도서관 여행 가이드'라 불러도 손색없을 만큼 풍부하고 다채로운 내용이 이 한 권에 담겼다.

역사 · 문명

eBook 표시가 되어있는 도서는 전자책으로 구매가 가능합니다.

- 016 이슬람 문화 | 이희수
- 017 살롱문화 | 서정복
- 020 문신의 역사 | 조현설 eBook
- 038 헬레니즘 | 윤진 eBook
- 056 중국의 고구려사 왜곡 | 최광식 eBook
- 085 책과 세계 | 강유원
- 086 유럽왕실의 탄생 | 김현수
- 087 박물관의 탄생 | 전진성 eBook
- 088 절대왕정의 탄생 | 임승휘 eBook
- 100 여행 이야기 | 이진홍 eBook
- 101 아테네 | 장영란 eBook
- 102 로마 | 한형곤
- 103 이스탄불 | 이희수
- 104 예루살렘 | 최창모
- 105 상트 페테르부르크 | 방일권 eBook
- 106 하이델베르크 | 곽병휴
- 107 파리 | 김복래 eBook
- 108 바르샤바 | 최건영 eBook
- 109 부에노스아이레스 | 고부안 eBook
- 110 멕시코 시티 | 정혜주 eBook
- 111 나이로비 | 양철준 eBook
- 112 고대 올림픽의 세계 | 김복희
- 113 종교와 스포츠 | 이창익 eBook
- 115 그리스 문명 | 최혜영
- 116 그리스와 로마 | 김덕수 eBook
- 117 알렉산드로스 | 조현미
- 138 세계지도의 역사와 한반도의 발견 | 김상근 eBook
- 139 신용한 교수의 독도 이야기 | 신용하
- 140 간도는 누구의 땅인가 | 이성환
- 143 바로크 | 신정아 eBook

- 144 페르시아 문화 | 신규섭
- 150 모던 걸 여우 목도리를 버려라 | 김주리 eBook
- 151 누가 하이카라 여성을 데리고 사나 | 김미지 eBook
- 152 스위트 홈의 기원 | 백지혜
- 153 대중적 감수성의 탄생 | 강심호
- 154 에로 그로 넌센스 | 소래섭
- 155 소리가 만들어낸 근대의 풍경 | 이승원 eBook
- 156 서울은 어떻게 계획되었는가 | 염복규 eBook
- 157 부엌의 문화사 | 함한희
- 171 프랑크푸르트 | 이기식 eBook
- 172 바그다드 | 이동은
- 173 아테네인 스파르타인 | 윤진
- 174 정치의 원형을 찾아서 | 최자영 eBook
- 175 소르본 대학 | 서정복
- 187 일본의 서양문화 수용사 | 정하미
- 188 번역과 일본의 근대 | 최경옥
- 189 전쟁국가 일본 | 이성환 eBook
- 191 일본 누드 문화사 | 최유경
- 192 주신구라 | 이준섭
- 193 일본의 신사 | 박규태 eBook
- 220 십자군, 성전과 약탈의 역사 | 진원숙
- 239 프라하 | 김규진 eBook
- 240 부다페스트 | 김성진 eBook
- 241 보스턴 | 황선희
- 242 돈황 | 전인초 eBook
- 249 서양 무기의 역사 | 이내주
- 250 백화점의 문화사 | 김인호
- 251 초콜릿 이야기 | 정한진
- 252 향신료 이야기 | 정한진
- 259 와인의 문화사 | 고형욱

- 269 이라크의 역사 | 공일주
- 283 초기 기독교 이야기 | 진원숙
- 285 비잔틴제국 | 진원숙 eBook
- 286 오스만제국 | 진원숙
- 291 프랑스 혁명 | 서정복
- 292 메이지유신 | 장인성
- 293 문화대혁명 | 백승욱
- 294 기생 이야기 | 신현규
- 295 에베레스트 | 김법모
- 296 빈 | 인성기
- 297 발트3국 | 서진석
- 298 아일랜드 | 한일동
- 308 홍차 이야기 | 정은희
- 317 대학의 역사 | 이광주
- 318 이슬람의 탄생 | 진원숙
- 335 고대 페르시아의 역사 | 유흥태
- 336 이란의 역사 | 유흥태
- 337 에스파한 | 유흥태
- 342 다방과 카페, 모던보이의 아지트 | 장유정
- 343 역사 속의 채식인 | 이광조
- 371 대공황 시대 | 양동휴 eBook
- 420 위대한 도서관 건축순례 | 최정태
- 421 아름다운 도서관 오디세이 | 최정태 eBook
- 423 서양 건축과 실내 디자인의 역사 | 천진희 eBook
- 424 서양 가구의 역사 | 공혜원
- 437 알렉산드리아 비블리오테카 | 남태우 eBook
- 439 전통 명품의 보고, 규장각 | 신병주 eBook
- 443 국제난민 이야기 | 김철민 eBook
- 462 장군 이순신 | 도현신 eBook
- 463 전쟁의 심리학 | 이윤규 eBook

(주)살림출판사
www.sallimbooks.com
주소 경기도 파주시 문발동 522-1 | 전화 031-955-1350 | 팩스 031-955-1355